高校学生管理工作创新研究

陈 玮 张馨月 张 浩 ◎著

中国商务出版社
·北京·

图书在版编目（CIP）数据

高校学生管理工作创新研究 / 陈玮，张馨月，张浩著． -- 北京：中国商务出版社，2023.7
ISBN 978-7-5103-4742-9

Ⅰ．①高… Ⅱ．①陈… ②张… ③张… Ⅲ．①高等学校－学生－学校管理－研究 Ⅳ．①G645.5

中国国家版本馆CIP数据核字(2023)第137210号

高校学生管理工作创新研究
GAOXIAO XUESHENG GUANLI GONGZUO CHUANGXIN YANJIU

陈玮　张馨月　张浩　著

出　　版：	中国商务出版社
地　　址：	北京市东城区安外东后巷28号　邮　编：100710
责任部门：	外语事业部（010-64283818）
责任编辑：	李自满
直销客服：	010-64283818
总 发 行：	中国商务出版社发行部 （010-64208388　64515150）
网购零售：	中国商务出版社淘宝店 （010-64286917）
网　　址：	http://www.cctpress.com
网　　店：	https://shop595663922.taobao.com
邮　　箱：	347675974@qq.com
印　　刷：	北京四海锦诚印刷技术有限公司
开　　本：	787毫米×1092毫米　1/16
印　　张：	11.25　　　　　　　　　　　　字　数：232千字
版　　次：	2024年4月第1版　　　　　　　　印　次：2024年4月第1次印刷
书　　号：	ISBN 978-7-5103-4742-9
定　　价：	66.00元

凡所购本版图书如有印装质量问题，请与本社印制部联系（电话：010-64248236）

版权所有　盗版必究　（盗版侵权举报可发邮件到本社邮箱：cctp@cctpress.com）

前　言

随着社会的不断发展进步,高校的办学规模和教学质量同过去相比有了大幅度的提升。在高校日常工作中,学生管理是一项重要的内容,高质量的学生管理能够有效营造良好的学习与生活环境,促进高校人才培养体系的建设。高校学生管理工作对于我国高等教育的发展和学生个人的成长都起着重要的辅助作用,因此需要对高校学生管理工作进行深入研究,立足于学生的实际需求,创新学生管理路径。

鉴于此,笔者撰写了《高校学生管理工作创新研究》一书,全书在内容编排上共设置六章,第一章作为本书论述的基础与前提,主要阐释高校学生管理内涵与特征、高校学生管理的指导思想、高校学生管理的发展与价值;第二至五章,分别从组织机构、队伍建设、教育创新、就业管理四个方面分析高校学生管理工作;第六章主要探讨高校学生管理工作的创新实践,内容涵盖高校学生管理模式的创新、高校学生社区化管理工作的创新、高校学生社会实践化管理工作的创新、高校学生管理工作的信息化建设实践。

本书聚焦于高校学生管理工作,阐述了高校学生管理工作中的问题与创新的必要性,并提出了创新高校学生管理工作的对策。全书结构科学、论述清晰、客观实用,力求达到理论与实践相结合,对从事高校教育管理专业的研究学者与从事教育管理的工作者有学习和参考的价值。

在撰写本书时,笔者参阅了大量文献材料,在此向各位学者表达由衷的谢意。由于自身知识和写作水平有限,书中所涉及的内容难免有疏漏之处,恳请各位读者多提宝贵意见,以便笔者进一步修改,使之更加完善。

目 录

第一章　绪论 …………………………………………………………… 1

　　第一节　高校学生管理内涵与特征 ………………………………… 1
　　第二节　高校学生管理的指导思想 ………………………………… 6
　　第三节　高校学生管理的发展与价值 ……………………………… 7

第二章　高校学生管理工作——组织机构 …………………………… 20

　　第一节　高校学生组织及其关系 …………………………………… 20
　　第二节　高校学生组织机构与干部管理 …………………………… 28
　　第三节　高校学生组织文化与制度建设 …………………………… 39
　　第四节　高校学生组织战略与目标管理 …………………………… 48
　　第五节　高校学生组织的多元化管理工作 ………………………… 55

第三章　高校学生管理工作——队伍建设 …………………………… 62

　　第一节　高校学生管理工作者的素质 ……………………………… 62
　　第二节　高校学生管理工作信息员队伍建设 ……………………… 67
　　第三节　高校学生干部队伍建设与管理工作 ……………………… 69
　　第四节　高校学生公寓管理队伍工作及其建设 …………………… 73

第四章　高校学生管理工作——教育创新 …………………………… 76

　　第一节　高校学生素质教育的管理创新 …………………………… 76
　　第二节　高校学生德育教育的管理创新 …………………………… 78
　　第三节　高校学生美育教育的管理创新 …………………………… 87

第四节　高校学生心理健康教育的管理创新 …………………………… 103

第五章　高校学生管理工作——就业管理 …………………………………… 114

　　第一节　高校学生职业规划与就业引导 ………………………………… 114
　　第二节　高校学生职业规划教育服务机制 ……………………………… 129
　　第三节　高校学生就业心理与价值取向 ………………………………… 132
　　第四节　高校学生就业能力提升的创新策略 …………………………… 138

第六章　高校学生管理工作——创新实践 …………………………………… 160

　　第一节　高校学生管理模式的创新 ……………………………………… 160
　　第二节　高校学生社区化管理工作的创新 ……………………………… 162
　　第三节　高校学生社会实践化管理工作的创新 ………………………… 169
　　第四节　高校学生管理工作的信息化建设实践 ………………………… 170

参考文献 ……………………………………………………………………………… 172

第一章 绪 论

第一节 高校学生管理内涵与特征

一、高校学生管理的内涵

"高校学生管理是高等学校领导和管理人员为了实现高等学校学生的培养目标，按照国家的教育方针和各项政策法令，科学地有计划地对学校内部的人、财、物、时间、信息等进行组织、指挥、协调并对其进行预测、计划、实施、反馈、监督等的一门管理科学。①"

高校学生管理作为学校管理的重要组成部分，具有十分广泛而深刻的内涵：首先，高校学生管理要研究管理对象（即高校学生）的生理、心理特征，知识、能力结构，兴趣爱好及社会氛围对他们的影响，掌握他们的思想变化及教育管理的规律；其次，高校学生管理要研究管理者本身（即学生工作专职人员）必备的思想、文化、理论及业务素质，以及这些素质的培养和管理队伍的建设；最后，高校学生管理还要研究学生管理的机制和一般管理的原则、方法，以及学生在学习、生活、课外活动、思想教育中的具体管理目标、原则、政策、法规等。

高校学生管理是一项教育工作，它具有教育科学所包含的规律，也是一项具体的管理工作，具有管理科学所包含的规律。大学生管理是高等教育学和管理学交叉结合产生的一门综合性应用学科，它同所有的管理科学相同，研究的主题是效率，当然具体研究的课题是高校学生管理的效率——最有效地达到大学生的培养目标。

中国大学生管理，就是要寻求按照国家的教育方针，实现培养德智体美劳诸方面发展的专门人才的最佳方案，最佳计划、决策，最佳管理体制、组织机构，最佳操作程序，它

---

① 李玲. 高校学生管理工作创新研究［M］. 长春：吉林人民出版社，2019：1.

涉及很多学科：高等教育学、社会学、心理学、管理学、行政学、统计学、控制论、信息论、系统论等。因此，研究高校学生管理必须广泛运用各种有关的科学理论来分析，这样才能使从事学生管理工作的同志用科学的管理指导思想和科学的管理手段进行有效的管理。

对高校学生进行严格管理的过程中，要正确处理以下两种关系：

第一，学生管理与规章制度的关系。高校学生管理要通过制定并实施必要的规章制度来实现。国家根据学生成长的特点以及长期以来的工作经验，已经制定了《普通高等学校学生管理规定》，这是对学生进行科学管理的一个基本的法规性文件。各高校也结合自己的实际情况，整章建制，制定了一系列的规章制度。学生管理的实践反过来又丰富了规章制度的内容，使之更全面化、科学化。

第二，学生管理与思想政治教育的关系。在强调管理工作重要意义的同时，不可忘记思想政治教育的重要保证作用。任何只强调严格管理而忽视思想政治教育，或只强调思想政治教育而置制度管理于不顾的做法，都是片面的、不可取的。因为管理也是教育的一种手段，教育又能保证管理的推行和实施，所以只有把严格管理与思想政治教育有机结合起来，才能使学校工作真正走上井然有序的轨道。

二、高校学生管理的特征

高校学生管理作为高等学校为实现人才培养目标而为高校学生提供的引导与服务，有其自身显著的特征。

（一）高校学生管理教育功能鲜明

高校学生管理是高等学校人才培养工作的重要组成部分，因此，高校学生管理既具有管理的属性，又具有教育的属性，有着突出的教育功能。

1. 管理目标服务于教育目标

高校学生是为了接受大学教育而跨进大学之门的，高校学生管理则是高等学校为实现高校学生教育目标，促进学生圆满完成大学学业而实施的特殊管理活动，因此，高校学生管理的目标必然服从和服务于高校学生教育的目标。

一方面，高校学生教育目标是制定高校学生管理目标的基本依据。实际上，高校学生管理目标也就是高校学生教育目标在高校学生管理活动中的贯彻和体现，是其在高校学生管理领域的分目标。离开了教育目标，高校学生管理也就偏离了方向；另一方面，高校学生教育目标的实现有待于高校学生管理目标的实现。高校学生管理是实现高校学生教育目标的重要手段，只有通过有效的管理，建立和保持正常的教育教学和生活秩序，充分调动高校学生学习的积极性和主动性，为高校学生提供各种必要的指导和服务，才能保证学校教育教学活动的顺利进行和学生的健康成长。没有有效的高校学生管理，教育目标也就不可能实现。

2. 教育方法在管理方法体系中作用突出

教育方法是包括高校学生管理在内的现代管理活动中最经常、最广泛使用的一种基本手段，其原因在于一切管理活动都离不开人，而人是有思想的，人的活动总是由一定的思想意识支配的。因此，任何管理活动都要坚持思想领先的原则，注意做好人的思想工作，通过影响人的思想去引导和制约人们的活动。而高校学生管理作为高校学生教育和培养工作系统中的一个重要组成部分，也就必然要更加注重运用教育的手段，以增强高校学生管理的实效性。同时，教育方法也是高校学生管理中其他方法顺利实施并收到实效的基础。高校学生管理的法律方法、行政方法和经济方法的实施，一般都要伴之以思想道德教育，才能收到良好的效果。

3. 管理过程也是教育学生的过程

高等学校是教育和培养专门人才的场所，高等学校的一切工作都应当对学生起到良好的教育和影响作用。直接面向高校学生所实施的高校学生管理工作，当然更是如此。事实上，在高校学生管理过程中包含着丰富的教育因素。高校学生管理过程中所贯彻的以人为本、民主法制、公正和谐的理念，所体现的从学校和学生的实际出发、遵循教育规律和管理规律、实事求是的科学精神，所采用的民主管理、依法管理、科学管理的方法等都会对学生起到潜移默化的影响。高校学生管理过程中所实行的依据高校学生成长成才的规律和要求制定的各项规章制度，都会对高校学生起到思想导向、动机激励和行为规范的作用，高校学生管理过程中管理人员的情感、态度和言行也会对高校学生起到表率和示范作用。可见，高校学生管理的过程同时也是教育学生的过程，直接影响着高校学生思想品德的形成与发展。

（二）高校学生管理价值导向突出

高校学生管理是为一定社会培养人才提供服务的，高校学生管理的目的、管理体制和管理形式总是受到社会的经济基础、政治制度和意识形态的制约。因此，高校学生管理必然具有鲜明的价值导向，它总是贯穿并体现着一定社会的主导价值体系，并直接影响着高校学生价值观的形成、变化与发展。我国高等学校是为国家建设培养专门人才的，这就决定了我国的高校学生管理必然要坚持正确的价值导向。具体而言，高校学生管理的价值导向主要体现在以下方面：

1. 管理目标的价值体现

目的性是人类实践活动的基本特征。而人的实践活动的目的，总是基于一定的需要和对实践对象的属性及其变化趋势的认识与判断，因此总是体现着一定的价值观念。高校学生管理的目的同样如此。高校学生管理的目的以及作为其具体展开的整个目标体系，都是基于一定的价值观念确定和设计的，都贯穿和体现着一定的价值观念和价值追求。因此，高校学生管理的价值导向不仅对管理者的管理行为和高校学生的日常行为起着导向、激励和评价作用，还会对高校学生价值观的形成和发展起到重要的引导和促进作用。例如，建立和维护良好的教育教学和生活秩序是高校学生管理的重要目标，这一目标就体现了"有序"的价值，因此这一目标的执行，又会促进高校学生形成"有序"的观念。同时，高校学生管理是高校学生教育的重要环节。为谁培养人、培养怎样的人，始终是高校学生教育的首要问题，也是高校学生管理的首要问题。显然，对这个问题的解决，必然鲜明地体现着一定的价值观念和价值追求。可见我国高校学生管理的目标也必然要体现我国主流的价值导向。

2. 管理理念的价值体现

高校学生管理理念是高校学生管理的指导思想，直接制约着高校学生管理的原则和方法。而高校学生管理理念也总是体现了社会的价值体系，并往往是社会的先进的价值观念在高校学生管理中的贯彻和体现。例如，在高校学生管理中全面贯彻"以人为本"的理念，坚持做到"关心人、尊重人、依靠人、发展人、为了人"，必然会对学生正确认识人的价值，确立"以人为本"的价值观念产生积极影响。

3. 管理制度的价值体现

科学而又严密的规章制度，是高校学生管理的基本方法，是高校学生管理规范化、制度化和法制化的基本保证和主要标志。而管理规章制度是人们在一定的价值观念指导和影响下制定出来的，总是体现着一定的价值导向，具体表现为要求高校学生做的内容、不做的内容；奖励怎样的行为和表现，惩罚怎样的行为和表现等。高校学生管理制度中的这些规定无不体现着鲜明的价值导向。

（三）高校学生管理专业特色明显

高校学生管理传统上是经验性的事务型工作，但由于高校学生管理有其特殊的管理对象、特殊的内在规律和特有的方法体系，决定了必须形成高校学生管理专业视角、使用专业方法、形成专业研究模式。因此，高校学生管理工作是专业性很强的工作。

1. 特有的管理对象

高校学生管理的对象是高校学生，而高校学生则有着区别于一般管理对象的显著特点，主要如下：

（1）高校学生是具有高度自觉能动性的人。高校学生具有强烈的自主意识、突出的独立意向和较高的智力发展水平，崇尚独立思考，要求自主自治。在高校学生管理过程中，高校学生不仅是接受管理的对象，也是积极活动的主体。对于管理的要求和规章，对于管理者施加的指导和督促，他们总要经过自己的思考，做出自己的评价、选择和反应。更重要的，他们还会主动积极地参与到管理活动中来，自觉地接受管理和实行自我管理。这就要求在高校学生管理中必须着力激发和引导高校学生的自觉能动性，使他们能够自觉地顺应高校学生管理的目标和要求，主动接受管理，积极开展自我管理。

（2）高校学生是正处于成长和发展关键时期的人。他们的心理日趋成熟但尚未完全成熟，智力迅速发展，情感日益丰富，自我意识显著增强，但又存在着诸如理智与情绪的矛盾、自我期望与自身能力的矛盾等矛盾。他们正处于思考、探索和选择之中，世界观、人生观和价值观正在形成，思想活动具有显著的独立性、敏感性、多变性、差异性和矛盾性。他们即将走上社会，正在做进入职场、全面参与社会劳动实践的最后准备。可见，高校学生有着既不同于少年儿童又区别于成人的特点。同时，也正由于高校学生还处于趋向成熟的过程之中，因此在他们身上又蕴藏着各方面发展的很大的可能性，有着发展的巨大潜力。这就要求在高校学生管理中，要针对高校学生的特点，切实加强并科学实施对高校学生的指导和服务，以促进他们的健康成长，并使他们的身心获得最佳的发展。

（3）高校学生是以学习为主要任务，并在教师的指导下进行自主学习的人。高校学生的主要职责是学习，高校学生的学习是由教师指导的、按照一定的制度和规定有目的、有计划、有组织地进行的。同时，高校学生可以按照学校的有关规定自主地选修课程，自主地支配大量的课外学习时间。因此，高校学生不仅需要掌握科学的学习方法，而且需要高度的学习自觉性和有效的自我管理。这就要求高校学生管理紧紧围绕高校学生的学习任务，切实加强对高校学生学习行为的指导和管理。

2. 特别的内在规律

高校学生有其特殊的内在规律，这是由高校学生管理自身的特殊矛盾决定的。高校学生管理的特殊矛盾，就是社会基于对专门人才的需要而对高校学生在行为方面的要求与高校学生行为实际状况之间的矛盾。这一矛盾存在于一切高校学生管理的活动之中，贯穿于一切高校学生管理过程的始终，决定着高校学生管理的全局。高校学生管理自身的特殊性构成了高校学生管理的基本矛盾，也是高校学生管理区别于其他社会实践活动的特殊矛盾。高校学生管理就是为解决这一矛盾而专门进行的特殊社会实践活动。因此，高校学生管理作为一种管理活动，固然要遵循管理的一般规律，但又有其区别于其他管理活动的特殊规律。高校学生管理作为一种人才培养的手段，固然要遵循教育的一般规律，但又有其区别于其他教育活动的特殊规律，这就需要对高校学生管理的特殊规律进行专门的探索和研究，高校学生管理理论研究的任务，就是要揭示高校学生管理的特殊规律。

3. 特殊的方法体系

高校学生管理所具有的特定的管理对象和特殊的管理规律，决定了高校学生管理有其特有的方法体系。由于高校学生管理工作涉及面极其广泛，具有很强的综合性，因此需要掌握管理学、教育学、心理学、社会学等多方面的理论方法和技术。但高校学生管理的方法体系又不是这些学科方法和技术的简单拼凑和机械相加，而是需要在系统掌握这些学科理论、方法和技术的基础上，针对高校学生的特点，依据高校学生管理的特殊规律和具体实际，把它们有机地结合起来加以综合运用，从而形成自身特有的方法体系。

第二节　高校学生管理的指导思想

"高校是培养高素质人才的重要场所，而高校学生管理工作是实现这一重要目标的基本保证，作为高校管理工作的重要内容之一，它是高校管理水平高低的重要体现，也从很大程度上决定着学校综合水平和学生素质的高低。[①]"

一、运用高等教育和现代管理科学理论

运用高等教育和现代管理科学理论指导高校学生管理，使高校学生管理科学化。现代治校观念要求管理者靠现代科学来管理学校、管理学生。具体而言有以下两个方面：

第一，要依靠教育科学，要遵循教育的外部规律与内部规律办事。例如，高等教育的规模由一定的经济基础所决定，反之，又作用于一定的经济基础。高等院校作为高等教育的主要载体和平台，人才、资源、市场面临着越来越激烈的竞争，理念、体制、结构也面

[①] 施继华. 论高校学生管理 [J]. 现代商贸工业，2014, 26 (7): 105.

临新的变革和调整。高校要准确把握社会脉搏，直接面对市场办学。高校学生管理也要研究新情况、解决新问题，培养高素质的复合型人才。

第二，要依靠运用现代管理科学的理论与方法进行管理，使学生管理队伍的组织机构严密，管理制度科学，人员分工合理，职责范围明确，奖惩分明，动作协调，工作高效等。运用现代管理科学指导学生管理主要是运用它的基本原理：系统整体性原理、要素有用性原理、动态相关性原理、人的能动性原理、规律效应性原理、时空变化性原理、信息传递性原理、控制反馈性原理等。应在管理实践中力争使管理组织系统化、管理决策科学化、管理方法规范化和管理手段现代化。

二、继承发扬高校学生管理的成功经验

中华人民共和国成立后，多年来高校学生管理工作的成功经验是当今学生管理工作的宝贵财富。

第一，管理工作规范化、制度化，即将经过实践检验比较成熟的民主管理和科学管理体制、程序、办法用制度形式固定下来，使工作形成规范，其中心点是责、权、利相结合，使制度的思想性和科学性统一。

第二，坚持理论联系实际的原则，面向社会实践，实行教育与生产劳动相结合。我国高校培养的人才，必须适应国家市场经济的需要，在思想上有高度、有觉悟，在业务上不仅要有理论知识，而且要有较强的分析问题和解决问题的能力，要有实干精神和较强的独立工作能力。

第三节　高校学生管理的发展与价值

一、高校学生管理的发展

（一）高校学生管理的发展经验

1. 确保高校学生管理方向正确

遵循国家教育方针，确保高校学生管理的正确方向。国家教育方针，是国家在一定历史时期为实现该时期的基本路线和基本任务，对教育工作所提出的总的指导方针。国家教育方针规定着我国教育的总方向和培养目标，集中体现了坚持国家对教育工作的领导，坚

持教育为国家现代化服务,为人民服务,教育与生产劳动相结合,培养德智体美劳全面发展的合格的国家建设者和可靠接班人等要求。高校一切工作都要紧紧围绕国家教育方针来进行。高校学生管理工作,必须紧紧围绕我国教育的总方向和培养目标,全面贯彻国家教育方针,为培养祖国建设者和接班人服务。

2. 完善高校学生依法管理制度

依法建章、规范管理是现代学生管理所必须遵循的原则。当前,随着高校学生群体法律意识的增强,学生维权活动增多,客观上要求在高校学生管理工作中必须依法管理,不断深化管理制度改革,健全管理制度,细化管理流程,在涉及学生切身利益的管理活动中切实保障学生的合法权益,这就要求在高校学生管理中高校根据自身办学层次、办学特色和办学类型不断创新各种适合自身的办学管理制度,使之科学化、规范化。在完善学生管理制度的基础上,不断提高管理水平,增强管理能力,做到依法管理。

3. 发挥育人功能进行科学管理

发挥育人功能,依据教育规律,科学管理。管理是一门科学。高校学生管理作为管理科学的一个分支,应遵循管理的一般规律,充分发挥其育人功能,科学、有效地进行管理。与一般管理工作不同,高校学生管理的对象是高校学生群体,有其特定的指向性。改革开放40多年来,我国经济快速发展,社会结构发生深刻变化,利益关系和利益格局重新调整,这给人们的思想观念带来一定冲击。在新的时代背景下,高校学生们总体上树立了自强意识、创新意识、成才意识、创业意识。但与此同时,在一些高校学生中也不同程度地存在理想信念模糊、诚信意识淡薄、社会责任感缺乏、艰苦奋斗精神淡化等问题。因此,在高校学生管理工作中,必须注意把握时代特征,根据高校学生的具体特点,依据教育规律,探索高校学生管理工作的科学方法,加强高校学生管理工作的科学性,实现科学管理、有效管理,在管理中培养人和教育人,引导高校学生树立正确的世界观、人生观和价值观,使高校学生管理工作既符合高校学生的实际状况,又符合国家的人才培养要求。

4. 利用现代科学创新管理方式

充分利用现代科学技术,不断创新管理方式、方法。随着时代的发展,科学技术的不断进步,高校学生管理的对象和工作条件也在不断地发生变化,这就要求高校学生管理不断创新管理方式方法,以适应不同时期的新情况和新要求。因此,充分利用现代科学技术手段,如信息技术、计算机网络技术、测量技术、咨询技术、评估技术等技术条件,成为不断创新高校学生管理方式方法的必然选择,这就要求在高校学生管理工作中:一方面,要充分利用先进的管理技术,积极推进办公网络化、自动化建设,在管理过程中重视对网络技术和相关信息技术的应用，将各种现代技术引入并渗透到高校学生管理中去；另一方面，要在充分利用现代科学技术手段的基础上，不断开发针对高校学生管理实际的应用技术管理平台，建立诸如高校学生信息管理系统、高校学生管理网络互动系统、高校学生综合管理办公系统等现代化的办公及服务体系，以科学技术的创新不断推动管理方式方法的创新。

5. 教育与管理结合建立长效机制

坚持教育与管理相结合，形成齐抓共管的长效机制。高校学生管理工作涉及高校学生在校期间学习和生活的多个方面。从对高校学生的学籍管理、课外活动管理到群体组织管理、安全管理，高校教学、科研以及行政管理各个部门和各个机构都相应地承担着管理学生的责任。因此，高校学生管理必须坚持教育与管理相结合，发挥高校各个部门和机构间的合力，实现教学和管理部门间的密切合作，形成齐抓共管的长效机制。这就客观地要求各部门间权责明确、分工有序。只有在明确权利和责任的前提下，才能形成齐抓共管的工作局面。坚持教育与管理相结合，形成齐抓共管的长效机制，还必须依靠体制和队伍方面的建设，如一些高校建立了定期的学校各部门联席会议制度或学生工作领导小组等，都很好地保障了各职能部门间协调有效地运转和功能的充分发挥，增强了高校学生管理工作的针对性和实效性。

（二）高校学生管理的发展特点

1. 高校学生管理环境发生变化

（1）高校办学模式的变化增加了高校学生管理环境的复杂性。

第一，随着高等教育规模不断扩大和高校后勤社会化的推进，部分高校由单一校区办学变成了多校区办学，校园由封闭式变成了开放式，部分地区甚至形成了大学城，高校学生出现了生活社区化和成长环境社会化的新问题。高校学生的学习、生活、社交、实践、娱乐等活动都呈现出走出校园、走进社区和走向社会的新趋势，这使得学生群体管理由以前的建制式为主的群体管理向流动式群体管理转变，高校学生安全管理也面临着前所未有的挑战，这使得高校学生管理的难度有所增加。

第二，随着高校学分制和弹性学制的实施推广与不断规范，学年制整齐划一的教学管理模式逐步被打破，学生班级观念逐步淡化，学生自主选择专业、课堂、修业年限等，形成了以课程为纽带的多变的听课群，使不同专业甚至不同学校的学生在一起学习。学生管理的对象不仅局限于本专业学生，还包括因选修课程形成的其他专业或其他学校的学生，管理对象日趋复杂化。

（2）互联网的发展增加了高校学生管理环境的挑战性。

随着信息技术的进步，特别是互联网的发展，社会生产生活方式发生了相应的变化。

第一，网络已经成为高校学生获取信息的主要来源，高校学生既是网络信息的生产者，也是网络信息的消费者，大量信息对高校学生更新知识、开阔视野有着较大的促进作用，有效地激发了学生学习兴趣、创新意识、竞争意识，形成新的文化意识和文化精神。

第二，网络也给高校学生管理工作的有效开展带来了一定的负面影响。网络信息的开放性、快捷性、丰富性等特点，使得知识的权威性受到质疑。对学生管理而言，网络是一把双刃剑，给学生管理工作带来了新的挑战，需要学生管理工作者具有网络化思维，在网络环境中加强对学生的正向管理，最大限度地消除网络对学生的负面影响。

2. 高校学生管理要求发生变化

一体化运行、专业化发展、个性化服务、信息化促进、法制化保障是当前高校学生管理任务的现实要求。

（1）传统的学生管理已不适应富有时代性、复杂性、现实性、挑战性的高校学生管理新环境，这就要求传统的学生管理应向教育、管理、咨询和服务拓展，应将高校学生管理拓展基本任务确立为高校学生的群体组织管理、行为管理、安全管理、资助管理、就业管理以及管理的评估。高校各学生管理部门应统筹规划、形成合力，实现学生管理工作的一体化运行。

（2）随着高校学生管理环境的变化和管理任务的细分，以及管理对象要求的不断提高和变化，要求高校学生管理必须走专业化道路，保障学生管理的效率和效益。

（3）随着"以人为本"管理理念的深化和当代高校学生个性化的凸显，高校学生管理任务必须实现个性化服务。通过富有针对性的学生管理，促进每一名高校学生顺利成长、成才。

（4）网络使学生管理工作面临新的挑战，已成为学生教育管理的重要阵地之一。这就需要高校学生管理工作既要利用网络加强对学生的教育、管理和服务，形成网上网下教育和管理的合力，又要充分利用现代网络技术，建立起信息化、网络化的学生管理系统，切实提高工作效率，更好地为学生服务。

（5）当前，司法部门介入学校教育管理，法制化已成为新形势下高校学生管理的迫切需求。这就要求学生管理要严格遵守国家的法律法规，有法律有规定必须按法律规定办，没有规定的，也必须符合法律的基本原则。高校在制定各项学生管理制度时，应该认真研究国家和地方相关法律条文，注意听取学生意见，增强规章制度的科学性。只有这样，才能有助于增强学生管理的权威性，才能有助于保障学校的正常秩序。

二、高校学生管理的价值

高校学生管理对社会进步、高等学校发展和高校学生成长、成才都有着重要的意义和价值，全面认识高校学生管理的价值，是高校学生管理研究的重要课题，也是切实加强和改进高校学生管理的重要思想基础。

高校学生管理的价值是指高校学生管理对于社会、高等学校和高校学生所具有的作用和意义，也就是高校学生管理的属性和功能对社会进步、高等学校发展和高校学生成长、成才需要的满足。高校学生管理价值的客体是高校学生管理本身。高校学生管理具有能够对高校学生的成长和发展、对高等学校实现教育目标、对培养社会合格人才发挥作用的属性与功能。正是高校学生管理的这些属性和功能构成了高校学生管理价值的基础。高校学生管理价值的主体是社会、高等学校和高校学生。高等学校是高校学生管理的实施者。高等学校之所以要实施高校学生管理，就根源于实现教育目标的需要，而高校学生管理则具有满足这种需要的属性和功能。因此，高等学校也就成为高校学生管理价值的主体。同时，高等学校的教育目标又是依据社会对专门人才的要求和高校学生自身发展的需要制定的，因此，社会和高校学生也就都成为高校学生管理的主体。高校学生管理价值所体现的也就是高校学生管理的属性和功能对社会、高等学校和高校学生需要的满足关系。

（一）高校学生管理价值的特征

1. 直接性和间接性特征

高校学生管理对其价值主体的作用，就其作用的形式而言，有直接作用和间接作用。因此，高校学生管理价值也就具有直接性和间接性的特点。高校学生管理价值的直接性是指高校学生管理能够不经过中介环节而直接作用于价值主体，以满足其一定的需要。一般而言，高校学生管理对高校学生的影响和作用往往就是直接发生的。

2. 即时性和积累性特征

高校学生管理价值的实现，即高校学生管理以自身的属件和功能对价值主体某种需要的满足总要经过一个或短或长的过程，因此，高校学生管理价值也就具有即时性与积累性的特点。高校学生管理价值的即时性是指高校学生管理活动在短时间内就能够迅速达到目标，从而满足价值主体的某种需要。例如，及时办理新生中家庭经济困难学生的助学贷款，以使他们能够跨进大学安心学习；及时处理学生中发生的突发事件，以保障学生安全和校园稳定等。

高校学生管理价值的积累性是指高校学生管理往往要经过一个相当长的过程，通过长期的工作积累，才能达到目标，从而满足价值主体的需要。例如，建立良好的教育教学秩序，以满足高等学校人才培养工作的需要；培养学生良好的思想品德和行为习惯，以满足社会发展与学生自身发展的需要等。这些就不是一朝一夕所能实现的，而是需要长期的工作积累。

3. 受制性和扩展性特征

高校学生管理价值的受制性是指高校学生管理价值的实现要受到其他种种因素的影响，这是因为，高校学生管理价值就是对高校学生成长、成才的作用和意义。而高校学生的成长、成才还要受到高等学校内部其他因素和外部环境因素的影响。因此，高校学生管理在高校学生成长、成才中作用的发挥，也就必然要受到其他种种因素的制约。当其他因素对高校学生的影响与高校学生管理的作用方向相一致，高校学生管理就容易收到实效，高校学生管理的价值也就易于实现。反之，如果其他因素对高校学生的影响与高校学生管理的作用方向不一致，高校学生管理就难以收到实效，高校学生管理的价值也就难以实现。

高校学生管理价值的扩展性是指高校学生管理可以通过高校学生的活动和影响对高等学校内部其他工作和外部环境因素发生作用，从而使自身价值得到扩展。例如，高校学生管理通过对学生科技创新和创业活动的鼓励和支持，激发起学生科技创新和创业的积极性，这就必然会推动学校的教学创新，以提高学生的科技创新能力和创业能力。再如，高校学生管理通过对学生日常行为的引导，使学生养成了遵守社会公共道德规范、自觉维护公共秩序和环境卫生的行为习惯，这就必然会给学校周边环境的优化带来积极的影响。

4. 系统性和开放性特征

高校学生管理价值的系统性是指高校学生管理的价值是一个由多种维度、多种类型的内容构成的有机整体。按价值的主体，可分为社会价值、高校集体价值和个体价值。按价值存在的形态，可分为理想价值和现实价值。理想价值是高校学生管理价值的应有状态，即高校学生管理所追求的最终价值；现实价值是高校学生管理的实有状态，即在现实条件下已经实现或正在实现的价值。还可以按价值的性质，分为正向价值和负向价值；按价值的大小，分为高价值和低价值等。高校学生管理价值就是由上述各种价值组成的系统。

高校学生管理价值的开放性是指高校学生管理的价值会随着价值主体需要和高校学生管理功能的变化发展而变化发展。随着社会的发展，高校学生管理服务对象的需要在变化发展，这就必然会促使高校学生管理的功能发生相应变化和发展，从而使高校学生管理的价值得到增强和拓展。例如，随着计算机网络的发展及其对高校学生的双重影响，要求高校学生管理必须加强对高校学生网络活动的管理和服务，从而使高校学生管理的价值拓展到网络空间之中。

（二）高校学生管理中的个体价值

高校学生管理的个体价值是指高校学生管理对高校学生个体成长与发展的作用和意义，即高校学生管理的属性和功能对高校学生个体成长与发展需要的满足。高校学生管理的个体价值主要表现在以下方面：

1. 引导高校学生的方向

高校学生管理具有突出的导向功能，对高校学生的成长和发展起着重要的导向作用。高校学生管理的导向作用，主要表现在以下方面：

（1）引导业务发展方向。引导高校学生确定既符合社会需要又符合自身实际的奋斗目标，明确业务发展的方向，可以引导他们把自己的主要精力和时间投入实现既定目标的业务学习和实践活动之中，从而促进他们早日成才。高校学生管理在引导高校学生业务发展方向方面的作用集中表现在：通过对学生学习活动的指导，引导学生根据相关专业的要求和自己的兴趣爱好，确定专业学习的目标，从而明确在专业学习方面努力的方向；通过对高校学生职业生涯规划的指导，引导学生根据社会需求、职业发展的趋势和自身的主观条件与愿望，确定自己的职业理想，从而明确自己职业生涯发展的方向。

（2）引导价值取向。价值取向是指人们基于自己的价值观在面对或处理各种矛盾、冲突、关系时所持的基本价值立场、价值态度以及所表现出来的基本价值倾向。价值取向决定和支配着人的价值选择，制约着人们思想和行为的方向。当前我国市场经济的发展，在促进社会生产发展和人们思想观念更新的同时，也容易诱发人们产生不良的价值观念。因此，引导高校学生坚持正确的价值取向，有着尤为重要的意义。鲜明的价值导向是高校学生管理的一个显著特点。高校学生管理通过坚持和贯彻体现社会主义核心价值体系的管理理念，制定和执行以培养建设合格人才为根本宗旨的管理目标体系和管理规章制度，对高校学生的价值取向发挥重要的引导作用。

2. 激发高校学生的动力

高等学校的系统教育为高校学生的成长和发展提供了良好的条件，而高校学生健康成长和全面发展，关键在于高校学生自身的主观努力即主观能动性的发挥。要促进高校学的成长和发展，就必须注重激发高校学生的内在动力，充分调动他们的主动性和积极性。高校学生管理具有显著的激励功能，在激发高校学生内在动力方面具有突出的作用。高校学生管理对高校学生的激励作用，主要是通过以下途径实现：

（1）目标激励。人的行为总是指向一定目标的，目标是人们期望达到的成果和成就，能够激发人的内在积极性，鼓励人们奋发努力。人们对目标的达成满足自身需要的价值看得愈大，估计目标能够实现的可能性愈大，目标的激发力量也就愈大。高校学生管理遵循社会发展要求与高校学生自身发展需要相统一的原则，科学地制定管理目标，着力引导高校学生根据社会需要和自己的兴趣爱好、主观条件合理地确定自己的学习目标和发展目标，从而对高校学生发挥着重要的激励作用。

（2）奖惩激励。奖励与惩罚是高校学生管理的重要方法，其目的就是要通过运用正、负强化手段，控制高校学生行为结果的反馈调节作用，以维持和增强高校学生努力学习和践行高校学生行为准则的主动性和积极性。奖励是通过奖赏、赞扬、信任等褒奖形式来满足高校学生的需要，使其感到满足和喜悦，从而更加奋发努力的正强化手段；惩罚是通过造成被惩罚者某种需要的不满足而使其感到警醒，从而变消极行为为积极行为的负强化手段。高校学生管理通过恰当地运用奖励和惩罚，鼓励先进，鞭策后进，从而激励全体高校学生奋发努力。

（3）需要激励。需要是人的行为动力的源泉，是行为动机产生和形成的基础。人的积极性的发挥及其发挥的程度，主要取决于其需要能否得到满足以及满足的程度。高校学生管理坚持以人为本的管理理念和服务学生的管理原则，关心学生的实际需要，维护学生的正当利益，扎实地为高校学生的成长和发展提供各方面的指导和全方位的服务，因此，也就必然会对高校学生发挥重要的激励作用。

3. 规范高校学生的行为

高校学生管理的一项重要任务就是要科学制定和严格执行各项管理规章制度和纪律，以规范高校学生的行为，促进其形成文明的行为方式和良好的行为习惯。高校学生管理在规范高校学生行为方面的作用，主要是通过以下途径实现的：

（1）增强制度建设。制度建设是高校学生管理的重要内容。高校学生管理中的制度建设，就是要依据社会发展要求、人才培养目标和高校学生健康成长与发展的需要，科学制定与不断完善各项规章制度，使高校学生明确应该做、不应该做，应该怎样做、不应该怎样做，并引导和督促高校学生用于规范自己的行为，逐步形成文明的行为方式。

（2）严格纪律约束。纪律是一定的社会组织为实现组织目标而要求其全体成员必须共同遵守并具有组织强制力的行为规范。纪律是建立正常秩序、维系组织成员共同生活的重要手段，是完成各项任务、实现组织目标的重要保证，因此成为高校学生管理中不可或缺的重要方法。在高校学生管理中，通过严格执行学习、考试、科研、集体活动、校园生活、安全保卫等各方面的纪律，以约束和调整学生的行为，并对违纪行为及时做出恰当的处罚，可以有效地引导和规范学生的行为，促进其良好行为习惯的养成。

（3）引导自我管理。自我管理是高校学生管理的重要路径。自我管理的一项重要内容就是要启发学生的自觉性和主动性，引导学生自觉遵守管理制度，主动地用体现社会要求的高校学生行为准则规范行为，实行自我约束和自我监督。这种自我约束和自我监督，既表现在高校学生个体的自我管理中，也体现在高校学生群体的自我管理中。在高校学生班级、寝室、社团等群体的管理中，充分发挥学生的主体作用，引导学生在民主讨论的基础上，形成全体成员共同遵守的规章制度，并相互监督执行，不仅有助于营造良好的群体氛围、实现群体的目标，而且有助于提高全体成员规范和约束自己行为的自觉性。

4. 完善高校学生的人格

人格是一个人所具有的稳定而统一的心理特征的总和。人格就是指一个人的品格、思想境界、情感格调、行为风格、道德品质、精神面貌等。人格既是个人发展状况的集中表现，也是个人发展的内在主观条件。人的全面发展内在地包含着人格的健全和完善。高校学生管理以促进高校学生的全面发展为根本目的，因此必然要注重培育高校学生健全的人格，以促进他们形成崇高丰富的精神境界、高尚优秀的道德品质、积极健康的心理品格。高校学生管理在完善高校学生人格方面的作用，主要表现在以下方面：

（1）指导行为实践。实践是高校学生人格形成和发展的基本途径。高校学生所接受的各种教育影响，只有在实践中通过他们亲身的体验，才能真正为他们所理解、消化和吸收。高校学生行为习惯的养成、实践能力的提高等，更是自身长期实践活动的结果。因此，高校学生管理通过对高校学生行为和实践活动的管理和指导，也就必然会对高校学生人格的完善发挥重要作用。

（2）优化环境影响。环境是影响高校学生人格形成和发展的重要因素，对高校学生的人格具有陶冶和感染的重要作用。高校学生管理在营造良好的校园环境、优化校园环境影响方面具有重要作用。高校学生管理通过制定和执行合理的规章制度，建立和维护正常的校园秩序；通过有效的学习管理和班级管理，促进良好学风和班风的形成；通过对高校学生交往活动的管理和引导，优化校园的人际环境；通过对高校学生网络活动的管理和指导，净化校园的网络环境；通过对学生社团和学生课余活动的管理和指导，形成积极向上、丰富多彩的校园文化生活环境；通过对学生生活园区的管理和学生日常行为的指导，为学生营造安定有序、文明健康的日常生活环境等。

5. 开发高校学生的潜能

人的潜能是指人所具有的有待开发、发掘的处于潜伏状态的能力,主要包括人的生理潜能、智力潜能和心理潜能。人的潜能是人的现实活动力量的潜伏状态和内在源泉,人的能力的发展,在一定的意义上,也就是开发潜能,使之转化为现实活动力量即显能的过程。高校学生管理在开发高校学生潜能方面的作用,主要通过以下途径实现:

(1) 指导学习训练。学习和训练是开发潜能的基础。只有通过系统地学习和训练,掌握必要的知识和方法,才能使潜能得到正确的、有效的发挥。高校学生管理通过对高校学生的学习活动的管理和指导,引导高校学生确立正确的学习目的,掌握科学的学习方法,不仅可以充分发掘高校学生在学习方面的潜能,以提高他们的学习能力,而且可以促进高校学生系统地掌握专业理论知识和方法,从而使他们在专业方面的潜能得到开发和发展。

(2) 组织实践活动。实践是潜能转化为显能的中介和桥梁。人的潜能,只有在实践中,才能逐步显现出来,得到实际发挥,从而转化为显能。高校学生管理通过支持和指导学生的社团活动和社会实践活动,鼓励和引导学生的科技服务和科技创新活动等,可以为高校学生提供丰富多样的参与实践活动的机会,使他们的潜能在实践中得到开发和发展。

(三) 高校学生管理中的社会价值

高校学生管理的社会价值是指高校学生管理对社会运行与发展的作用和意义,即高校学生管理的属性和功能对社会运行与发展需要的满足。

1. 维护正常教育教学秩序

高等学校的教育教学活动总是按照一定的制度和规章有目的、有计划、有组织地进行的,建立和维护正常的教育教学秩序是高等学校教育教学工作的内在要求和基本条件,这就需要有严格的、科学的管理,包括高校学生管理。高校学生管理在维持高等学校教育教学秩序中具有特殊的重要作用。在高校学生管理中,实行严格的学籍管理,按照一定的制度和规定,有序地做好有关学生入学与注册、课程和各种教育环节的考核与成绩记载、转专业与转学、休学与复学、退学、毕业与结业等各项工作,是建立正常的教育教学秩序的基础。实施系统的学习管理,引导学生明确学习目的,提高学习的主动性和自觉性,规范学生的学习行为,督促学生自觉遵守学习纪律和考试纪律,形成良好的学风,是建立正常的教育教学秩序的关键。加强对学生班级、学生社团等学生群体的管理,引导学生紧紧围绕学校的教育教学目标,有序地开展班级活动、社团活动和其他课余活动,是建立正常的教育教学秩序的重要条件。总而言之,高校学生管理是建立和维护正常的教育教学秩序的重要保证。没有有效的高校学生管理，就不可能有正常的教育教学秩序。

2. 激励、指导及保障学生学习行为

高等学校教育教学的过程是教师与学生双向互动、"教"与"学"辩证统一的过程。其中，"教"是主导，"学"是关键。学习是高校学生的主要任务，是高校学生成为合格人才的关键。而高校学生管理则对高校学生的学习行为起着重要的激励、指导和保障作用。

高校学生管理对学生学习行为的激励作用主要表现在：引导学生充分认识大学学习的社会意义和个体价值，明确学习目的，以激发学生的学习动机；运用颁发奖学金和授予荣誉称号等方式，表彰学业优秀的学生，以鼓励学生勤奋学习；把竞争机制引入学生的学习活动之中，围绕学生的专业学习，组织各种竞赛活动，以激发学生的学习热情。

高校学生管理对学生学习行为的指导作用主要表现在：指导新生了解大学阶段学习的特点和要求，促进他们尽快实现学习方式从被动性学习到自主性学习的转变；指导学生根据社会需求和自身实际制订职业生涯规划，确定自己的职业生涯发展方向，从而明确学习的目标；指导学生掌握科学的学习方法，养成良好的学习习惯，不断提高自主学习的能力和学习效率；指导学生积极开展社会实践活动，注重在实践中加深对专业理论知识的理解，在实践中提高自己的专业技能。

高校学生管理对学生学习行为的保障作用主要表现在：加强资助管理，切实做好助学贷款和助学金的发放工作，组织和指导学生的勤工助学活动，为家庭经济困难学生安心学习、顺利完成学业提供必要的经济条件；开展学生学习心理的辅导，帮助学生克服学业焦虑等各种消极心理，以积极健康的心态对待学习等。

3. 培养高校学生思想品德

我国建设所需要的合格人才不仅要具备良好的专业知识和能力素养，还要具备良好的思想品德。思想品德是指人在一定的思想体系指导下，按照社会的言行规范行动时，表现在个人身上的相对稳定的特征，它是以心理因素为基础的思想与行为的统一体。培养高校学生良好的思想品德，不仅需要深入细致的思想政治教育，还需要有效的管理。这是因为人们良好思想品德和行为习惯的形成，有一个由他律到自律的过程。高校学生各方面还未成熟，发展尚未稳定，加之各个学生的思想基础不同，接受教育的主动性、积极性和自觉性各不相同，因此，高校学生自我管理、自我约束的能力尚有欠缺并存在差异。要帮助高校学生提高自理、自律的水平，使他们能够自觉地遵循社会的思想规范、政治规范、道德规范和法纪规范，并形成良好的行为习惯，就必须在加强思想政治教育的同时，加强对高校学生各方面的管理，注重高校学生日常行为规范的训练。通过高校学生管理，科学制定并严格执行各项规章制度，强化行为管理和纪律约束，使高校学生的学习、交往等各方面的行为都能够按照一定的规范有序地进行，不仅有助于培养高校学生良好的行为习惯，也可以为思想政治教育创造良好的环境条件，从而增强思想政治教育的效果。

4. 实现社会的安定有序

高校学生管理是维护社会稳定、实现社会安定有序的重要保证。安定有序是社会和谐社会的内在要求和重要特征，也是实现社会和谐的基本条件。社会稳定则是安定有序的基本内容和重要表现，也是改革、发展的前提。高校稳定是社会稳定的重要条件，高校稳定的关键则又在高校学生。原因在于高校学生的思想尚未成熟，存在着显著的矛盾性，他们关心国家发展，关注时事政治，追求民主自由，并具有较强的政治参与意识，但尚缺乏政治经验和社会生活经验，因此容易受到社会上错误思潮和不良倾向的影响。同时，高校学生正处于青年期，情感具有强烈性，这既使他们勇往直前，也使他们自控能力降低。

高校学生集中在高等学校的校园内，如果缺乏正确的引导和有效的管理，一些不良的倾向和问题，很容易在高校学生中扩散开来，并造成不良的社会影响。因此，切实加强高校学生管理，正确引导高校学生的社会活动和政治行为，妥善解决高校学生在学习、生活、交往和就业中碰到的各种矛盾和问题，及时处理高校学生中发生的各种突发事件，以保持高等学校的稳定，对于维护社会稳定，实现社会安定有序具有特殊的重要意义。

5. 利于构建和谐校园

高校学生管理是构建和谐校园的重要方法。高等学校是现代社会中不可或缺的重要社会组织，担负着培养人才、推进科技进步、传播先进文化的重要任务。构建和谐校园，是推进高等学校科学发展的内在要求。加强高校学生管理，引导和组织高校学生积极发挥在和谐校园建设中的主体作用，是构建和谐校园的重要保证。加强高校学生管理，建立和完善学生参与民主管理的组织形式，引导、支持和组织学生依法参与学校的民主管理和实行自主管理，切实维护和保障学生在校期间享有的权利，引导和督促学生全面履行法律规定的义务，自觉遵守国家法律和学校管理制度，能够有力地推进高等学校的民主法制建设。

加强高校学生管理，妥善地协调学生与学校、学生与教师之间的关系，维护学生的正当利益，实事求是地评价学生的思想品德和学业成绩，公正地实施奖励和处分，正确地处理学生中的各种矛盾和问题，可以使公平正义在校园中得到弘扬。

加强高校学生管理，督促学生在学习考试、科学研究、人际交往和日常生活中坚持诚实守信，引导学生尊敬师长、友爱同学、团结互助，才能在校园中形成诚信友爱的良好风气。通过高校学生管理，充分调动学生的积极性和创造性，围绕专业学习，开展丰富多彩的社团活动和社会实践活动，鼓励、组织和支持学生开展科学研究、进行创造发明、尝试创业活动，才能使校园真正充满活力。通过高校学生管理，建立和维护学校正常的教育教学秩序和生活秩序，加强学生的安全教育和管理，保障学生的身心健康，有效地预防和妥善地处理学生中的突发事件，努力建设平安校园，才能使校园实现安定有序。通过高校学生管理，引导和督促学生自觉维护校园环境，节约使用水、电等各种资源，才能使校园成为人与自然和谐共处的生态校园。

6. 促进学生集体和谐发展

高校学生管理是促进高校学生集体和谐发展的重要方法，包括高校学生党团组织、班级、学生会、社团等在内的高校学生集体是高校学生政治、学习和日常生活的基本组织形式，直接影响着高校学生的思想和行为，是高校学生思想政治教育和管理的重要载体。高校学生集体的和谐发展，不仅直接关系着高校学生个体的健康成长和全面发展，也直接关系着高等学校的和谐稳定和科学发展。

高校学生管理内在地包含着对高校学生集体的管理，因此在促进高校学生集体和谐发展中具有重要作用。通过高校学生管理，引导高校学生集体自觉遵循学校的有关制度和规定，紧紧围绕学校的人才培养目标和学生成才的需要，积极开展丰富多彩的集体活动，充分发挥自身在高校学生自我教育、自我管理中的作用，可以促进高校学生集体的发展与学校发展的和谐与统一。

通过高校学生管理，切实加强高校学生集体的思想建设、组织建设、制度建设和作风建设，引导高校学生增强集体意识，主动关心集体发展，积极参与集体活动，弘扬团结互助精神，不断增进同学友谊，注重相互沟通与交流，及时化解各类矛盾，可以促进各个高校学生集体自身的和谐发展。通过高校学生管理，引导高校学生党团组织、班级、学生会、社团等各类高校学生集体正确处理相互之间的关系，加强相互之间的沟通和协调，做到相互配合、相互支持，形成高校学生自我教育、自我管理的合力，可以促进各类高校学生集体的相互和谐与共同发展。

第二章　高校学生管理工作——组织机构

第一节　高校学生组织及其关系

一、高校学生组织的认知

"学生组织建设是高校学生管理工作中不可或缺的重要环节，也是高校学生锻炼能力、展示自我的绝佳舞台。[1]"高校学生组织是指一定数量的高校学生为实现自我教育、自我管理、自我服务和自我监督，为培养德智体美劳全面发展的祖国建设者和接班人这一共同目标，按照一定的规章制度组成的学生领导团体。

（一）高校学生组织的划分

1. 依据建制进行划分

高校学生组织根据其建制，可以分为学生正式组织和学生非正式组织。

（1）学生正式组织。学生正式组织是指由学校有关部门按照有关规定，根据工作需要组织成立的学生组织，或是学生在自愿的基础上按照学校学生组织组建的有关规定组织成立，并在成立后接受学校有关部门管理和指导的学生组织。学生正式组织往往是学校为了加强对大学生进行思想政治教育，完成学校教育教学目标和任务，按照国家和学校有关规定而设置的有统一的规章制度和纪律规范的学生管理单元，其成员有固定的编制、规定的权利和义务以及明确的职责分工。他们在学校的领导下，按照各自章程独立开展工作。还有一部分学生正式组织，如经申报成立的学生社团等是基于学生的共同兴趣爱好等需要而成立的，这类学生正式组织也需要在开展工作的过程中遵守学校的人才培养目标和相关管理规定。

---

[1] 孙绍华，高浩. 浅谈高校学生组织建设 [J]. 才智，2018（21）：36.

（2）学生非正式组织。学生非正式组织又称学生自组织，是高校中部分学生未经相关学生管理部门批准，未到学生管理部门登记备案，仅基于某种群缘关系、兴趣爱好或共同利益而成立的学生组织。例如，老乡会、学生创业团队、学生自发组建的社团等，这类学生非正式组织往往游离于学校的正式管理体制之外，由具有相关特质、兴趣、爱好、志趣的学生自发组建而成。学生非正式组织虽然游离于体制之外，但在如今高等教育大众化的时代广泛存在于高校之中，其数量规模和在学生中的影响力都非常大。

2. 依据性质进行划分

高校学生组织根据其性质的不同，可以分为政治性学生组织、群众性学生组织、志趣性学生组织和公益性学生组织。

（1）政治性学生组织。政治性学生组织是根据一定的政治意图，为完成一定的政治教育目标而建立的学生组织。

（2）群众性学生组织。群众性学生组织是学校对学生群体进行有效的行政管理及教学管理的重要载体，也是学生群体进行自我教育、自我管理、自我服务的基本单元，在高校主要是指大学生班级组织、学生会、研究生会组织。高校群众性学生组织往往由班级学生组织—院级学生组织—校级学生组织三个层级共同构成自下而上的、上下结合的相对完善而独立的组织管理体系。

（3）志趣性学生组织。志趣性学生组织是学生基于个体的兴趣爱好、志向情趣而共同结成的学生组织，在高校主要是指大学生社团组织。高校学生社团开展的丰富多彩的文化生活和兴趣娱乐活动是高校校园文化的一道独特的风景线，为培养大学生个性化的志趣爱好，锻炼大学生管理能力发挥了重要作用。

（4）公益性学生组织。公益性学生组织是大学生积极参加社会公益活动、志愿服务社会的重要平台，在高校主要是指大学生志愿者服务组织。高校大学生青年志愿者通过青年志愿者组织的统一安排，利用自己的业余时间、专业技能、资源优势、善心热情为学校、社区、社会提供非盈利、无偿、非职业化的援助，志愿从事社会服务、社会公益与社会保障事业。

（二）高校学生组织的特征

组织是人们为某一目的而形成的群体，是确保人们社会活动正常协调进行、顺利达到预期目标的体系。尽管今天的组织灵活多变，经常变换形式，但是我们仍然能够根据其固有的本质来把握它的特征。

1. 高校学生组织的普遍特征

（1）组织是一个具体存在的实体。从实体角度而言，我们为了实现组织的目标，必须进行必要的分工与合作，没有必要的分工与合作的群体不能称其为组织。分工与合作体现组织的有效性。分工可以提高效率，但是仅仅是分工而没有合作，组织的既定目标就不能实现，只有既有分工又有合作，才能实现组织的目标。同时，为了使分工以后各部门、各组织成员各司其职，就要赋予其必要的权力并明确其责任。因此，不同层次权力与责任体系是组织目标实现的保证。

（2）组织要有明确的目标。从本质上而言，任何组织都是为了实现特定的目标而存在的，其本身就是为了实现共同目标而采用的一种手段而已。为了共同的目标，一个个的个体走到了一起并产生了合作意愿，并在这种意愿的推动下产生协作的目的，只有这样，协作的意愿才能发展，组织才能继续存在下去。因此，组织要不断向其成员传播和教导其共同目标的信念，激发大家为此努力的激情。

（3）组织有适合的结构和管理的系统。作为一个客观存在的实体，组织就必然有许多构成要素，并按照一定的网络结构组合而成。同时，组织所面临的环境是瞬息万变的，所以组织要有一套成熟的管理系统，懂得如何弹性地调整组织的结构以适应变化的组织外环境。

（4）组织与外部环境存在相互作用。由于组织是一个实体，它不是存在于真空之中，而是存在于不同的环境之中的，它只能在某种特定的环境中发挥其功能，并与其他的环境和组织相互影响、相互作用。

2. 高校学生组织的自身特征

高校学生组织在不断发展成长的过程中，除了具备一般组织的特征外，还形成了自己的特征，具体如下：

（1）灵活性特征，主要是指学生组织由学生自己承担各项职务，而学生之间的关系具有多重性，在组织中既有领导与被领导的上下级关系又有同学及朋友之间的情感关系。在处理各项事务及交往沟通中，这种关系的复杂性可以使学生组织在协调关系和处理问题上更具灵活性。

（2）发展性特征，主要是指学生组织中的学生处于储备知识和能力的阶段，在管理学生组织的同时，学生也在为自身的发展做实践积累。学生的积极性和实践性高于其他组织群体中的成员。并且他们在学生组织中获得的幸福感、愉悦感更加强烈。学生的积极性加上学生渴望积累经验以及成功的高期望能够促进学生组织发展，并使学生组织具备较大的发展潜力。

（3）受控性特征，主要是指学生组织尤其是学生正式组织是高等学校组织结构中的一部分，因此学生组织的各种行为、言论、发展方向、组织内容等在一定程度上受学校以及社会的各种引导和控制，自身具有一定的局限性。

（4）创新性特征，主要是指高校学生组织是一群处在青年阶段，具有激情、活力和创新意识的大学生组成的，大学生这个特殊的年龄阶段决定了高校学生组织的发展具有更大的创新性，受已有思维和办事模式的影响较小。

（5）自主与非自主相结合的特征，主要是因为学生组织既可以使学生充分发挥想象，处理和解决内部人员之间的关系，确立自身的发展理念，制订自身的工作计划等，又必须受控于学校各级组织的规定。

（三）高校学生组织的职能

高校学生组织具有构建学生组织机构，制定学生组织规章制度，进行学生组织人力资源管理，充分整合高校学生组织的资源，使高校学生组织协调运行，以实现高校学生组织目标等一系列职能。高校学生组织除具有一般组织的职能外，还具有其自身特殊性的职能。

1. 力量汇聚的职能

高校学生组织由特定的大学生组成，一定数量的学生因共同的目标而组合起来，他们为实现组织的共同目标和个人的发展目标而不懈努力，从而实现个人与组织间价值的互换。高校学生组织把单个薄弱的学生力量聚合在一起，从而避免各个力量间的相互抵消、损耗。高校学生组织通过学生间良好的交流沟通，同学间相互学习、相互帮助，使同学们自身的能力得以不断提升，促使组织中单个力量的汇聚，带动高校学生组织整体力量的放大。处于特定高校学生组织中的个体在参加组织活动的过程中，取得了自己的预期目标，组织也在每个成员发展目标的实现中达到了自身目标，从而实现个人与组织间的价值交换，实现个人与组织的双赢。力量的汇聚放大、价值的互换功能构成了高校学生组织的一般性职能。

2. 思想教育的职能

高校学生组织是高校联系广大同学的桥梁和纽带。高校学生组织的桥梁纽带作用，决定了高校学生组织具有协助学校有关部门对广大同学进行思想教育的功能。思想教育是培养和提升并发挥人主体性的社会实践活动。高校学生组织需要做到以下方面：

（1）以理想信念教育为核心，深入进行树立正确的世界观、人生观和价值观教育。

（2）以爱国主义教育为重点，深入进行弘扬和培育民族精神教育。要把民族精神教育与以改革创新为核心的时代精神教育结合起来，引导大学生在时代和社会的发展进步中汲取营养，培养爱国情怀、改革精神和创新能力，始终保持艰苦奋斗的作风和昂扬向上的精神状态。

（3）以基本道德规范为基础，深入进行公民道德教育。要引导大学生自觉遵守爱国守法、明礼诚信、团结友善、勤俭自强、敬业奉献的基本道德规范。

（4）以大学生全面发展为目标，深入进行素质教育，促进大学生思想道德素质、科学文化素质和健康素质协调发展，引导大学生勤于学习、善于创造、甘于奉献，成为有理想、有道德、有文化、有纪律的人才。

3. 自主管理的职能

高校中，学生享有有限的自治权。学生有建立和参加学生自治团体的权利。在高校，学生成立的学生组织虽然无法参与学校重大事务的决策，但有效地解决了学生实现自主管理的需求和民主参与学校管理的诉求。在现行的高校运行机制中，高校学生主要通过以下学生组织实现自主管理和参与学校管理。

（1）通过班级这个基层学生组织实现自主管理和参与学校管理。班级是所有学生能够直接接触到的组织，也是学生参与学校管理的最基层机构。班级由于处于学校的最基层，因此也就能够听到最广泛、最真实的声音，能够将这些较为集中的声音上呈至相应的决策机构，这就最为有效地实现了学生参与学校管理的过程。

（2）以学生社团为中介的参与机制。学生社团是学生自发自愿组织起来的，具有较强的自愿性和自主性，所以从理论上也就最可能成为学生某方面利益的代言人。尽管社团的成立是以兴趣为基础的，且需要得到学校的审批、管理和资金支持，但是学生社团的成立在一定程度上是学生参与学校管理的体现。例如，社团举办的讲座和各类活动就使学生参与到自我发展的管理之中，所以，高校中大量社团组织的存在是学生参与学校管理的最好体现。

（3）通过学生会和研究生会组织参与学校管理。与学生社团相比，学生会和研究生会的性质有所不同，它们是具有半行政性质的学生组织，是学校对学生进行行政管理的正式组织。同时，在某种程度上，学生会和研究生会要广泛征求同学意见，听取广大同学的呼声并反映给学校有关部门，因此，学生会和研究生会又是学生利益的维护者。学生会和研究生会由部分学生干部主持其日常运行，因此它们也就成为学生参与学校管理的最为突出的标志。

4. 自我服务的职能

高校学生组织作为学生自治的具体载体，其重要任务就是直接为同学的思想政治、学习科技、文体娱乐、日常生活等方面服务。因此，高校学生组织一方面要真正深入学生，了解学生的真实思想动态，为学校教育和自身工作提供可靠的依据；另一方面要经常与学生进行及时、广泛的交流与沟通，对学生中出现的思想苗头进行及时引导。学生组织还可以从切实解决学生的实际问题入手，如积极开辟校内外勤工助学和社会实践基地，为学生步入社会打下良好的基础；积极开展大学生职业规划设计等就业教育，鼓励和引导大学生积极就业和自主创业；积极参与学生的心理健康教育；积极开展维权服务，增强学生的法治和权益意识等。

5. 自我监督的职能

鉴于学生组织具有民主性强和服务性强的双重特征，又由于成员之间并无明显的科层制行政约束，学生组织很难通过硬性的规章制度来有效约束成员的行为。如果成员因对组织负责人或者所分配的任务感到不满，甚至因为个人偏好的缘故随意退出，放弃对组织的归属，这无疑会为学生组织的发展带来一定的负面影响。因此，学生组织要不断加强自身建设，完善学生干部的选拔、培养、监督、考核、交流机制，使队伍建设向制度化、规范化方向发展。高校学生组织的民主性并不排斥组织负责人适当地监督组织成员为实现组织目标而努力。在实际监督过程中，高校学生组织的负责人不是简单地发号施令，而是平等、友爱地对组织成员进行引导、协商，营造一种和谐友好的组织氛围。

6. 自我发展的职能

学生组织不直接与物质生产及其他经济活动发生联系，尽管要进行职责划分与任务分工，但其权力范围要比一般组织小得多。学生组织的权限仅被限制在与自身发展密切相关的范围内，但又不涉及学生升学、就业等事关前途发展的事宜，其权力范围就显得比较狭小。以高校学生团组织为例，尽管通常认为学生团组织在高校中属于权力最大的学生自治机构，但是，团委设置的部门诸如秘书处、组织部、调研部等相关机构也仅仅是负责活动的策划与组织、成员的培养与发展等工作。高校学生组织通过开展相关活动加强了高校与学生间的联系，提升了高校学生组织内学生干部的能力。因此，高校学生组织虽然权限范围较小，但其具有培养其成员能力和提升其成员素质的发展功能。

7. 校园文化的职能

高校校园文化不仅是培养全面发展人才的摇篮，而且也是文化大繁荣大发展的先行与准备。近年来，各高校校园文化建设树立了一种以学生为主体、教师为主导、学生社团为组织形式的校园文化活动观。高校学生组织通过开展积极向上、丰富多彩的学术科技、文艺体育、社会实践和生活服务活动，把德育与智育、体育、美育、劳育有机结合，丰富了广大学生课余文化生活；高校学生组织通过参与建设具有文化品位的校园人文与自然设施，使校园文化设施更具青春活力和教育内涵；高校学生组织通过创办校园杂志和报纸、学生网站和广播电台，形成校园主流舆论氛围；高校学生组织通过传播优秀的民族文化和时代精神，引领校园文化思潮，促进校园价值观念的形成和树立。

二、高校学生工作与组织的关系

"在我国，学生组织是学校与学生之间产生联结的重要一环。[①]"学校组织的发展可以充分体现一所高校的"高校文化"，明晰高校学生工作与组织的关系，对学生组织的发展有着很大的潜在价值。

（一）高校学生工作与组织的共同点

高校学生工作和高校学生组织拥有较多的共同点，具体如下：

第一，高校学生工作和高校学生组织拥有共同的目标，都是为学生服务，将学生满意度作为自己工作的目标和宗旨，一切为了学生，一切从学生出发。高校学生工作和高校学生组织根据自己的实际情况，应该努力转变工作观念，牢固树立"以学生为本"的服务理念，坚持一切工作"以学生为本"，以学生的合理合法需求为工作考量，为学生提供更优质的服务。

第二，高校学生工作和高校学生组织的服务客体相同，它们一切工作的出发点和归宿都是学生，学生是它们开展工作的客体。一旦它们的工作脱离了学生，学生工作将不能尽到应有的职责，学生组织也将失去核心，失去存在的价值。

（二）高校学生工作与组织的区别

虽然两者有很多共同点，但是如果把两者等同起来，认为高校学生工作都是由学生组织来完成的，这样的看法也是不恰当的。高校学生工作和高校学生组织有以下一些区别：

第一，高校学生工作和高校学生组织的内涵不同。高校学生工作涵盖了学生学习生活等各个方面，学生工作的部分职能除了需要由学生组织来承担外，更需要与学校相关部门通力合作，高校学生工作的责任主体是多元化的。对高校而言，学生工作是一项复杂的系

[①] 王慧玲，黄晓翠，宋滟. 有关高校学生组织管理的文献综述 [J]. 行政事业资产与财务，2021（20）：115.

统工程，涉及学校的方方面面，不能靠少数人、少数部门，也不能只认为是少数人、少数部门的事。需要各部门共同协作、共同完成，从而形成全员育人、全方面育人、全过程育人的良好局面。高校学生正式组织在按学校的规章制度和自身的章程履行职责时，服务的范围、受益的学生群体都是基于双方共同意愿形成的，尽可能做到受益者的最大化。

第二，高校学生工作和高校学生组织的主要工作者不同，即所依靠的力量不同。高校干部及全体教师是学生工作的重要力量。学习是学生生活的重中之重，学生工作的主战场是课堂，教师的教书与育人职责是一个统一的整体，特别是要利用好课堂加强对大学生开展思想政治教育，不注重学生的思想政治教育，将会影响大学教育教学的效果。全体教师除上好课外应该高度重视育人工作，努力培养具有扎实专业基础和较高综合素质的全面发展人才。高校学生组织的工作主要由学生自己来承担，包括学生组织中的各级学生干部、组织成员等。学校选派的指导教师在学生组织工作中只起引导辅助作用，学生组织指导教师一方面对学生组织的工作进行指导，使他们的工作更好地为学生服务；另一方面，指导教师是学生工作部门和学生组织进行沟通交流的桥梁，起协调作用，将学校有关部门的指示和要求传达给学生组织，将学生组织的发展规划和工作计划向学生工作部门反映并取得认同，从而使让学生组织能更好地在学校有关部门的指导下开展工作。

（三）高校学生工作与组织的联系

高校学生工作与高校学生组织之间既有许多共同点又有许多区别，高校学生工作和高校学生组织还有着许多天然的联系。

第一，高校学生工作是高校学生组织存在的前提条件。学生组织从成立到整个运作过程都是以学生工作为己任。如果没有学生工作，学生组织则失去了存在的基础和前提。协助学校有关部门开展学生工作是高校学生组织的重要职责。

第二，高校学生工作与高校学生组织之间相互影响。如果学生组织不健全、组织结构混乱、领导不到位、组织内部缺乏凝聚力，高校学生工作就不能有序开展，依托学生组织为学生服务难以落实。同样，如果高校学生工作对学生组织的认识不准确、定位不清晰、目标不明确、工作效率低下、工作不到位，出现越位、缺位的情况，高校学生组织就得不到自我发展的空间，也就不能可持续地生存和发展下去。

第三，高校学生组织是高校学生工作得以顺利开展的重要载体。随着社会的进步及高校规模的不断扩大，高校学生工作面对的客体数量不断增多，且不同个体之间的差异导致学生需求的多样化。传统的管理方式即由学校对学生进行的垂直管理、直接管理已凸显出诸多弊端；学生群体数量众多导致管理机构人员的匮乏，且由于管理机构本身处于金字塔的上层，与学生之间存在无形的障碍和鸿沟，沟通交流起来有一定困难，遇到突发事件时还有可能因为信息不对称引发新的矛盾。在这种情况下，高校学生组织由于自身所具有的独特功能和组织形式，无疑能弥补这一缺陷，在学校有关部门和广大学生之间起到桥梁纽带作用，使学生工作能顺利开展，且能保证学生的利益诉求得以及时表达和被倾听。高校学生组织和高校学生工作相辅相成，只有将二者协调起来，使它们有条不紊地依次开展工作，发挥它们的功能最大化效应，才能使学生的利益得到有力保障。

第二节 高校学生组织机构与干部管理

一、高校学生组织机构

（一）高校学生组织结构

组织行为学理论认为任何一个社会组织的正常运行都离不开各职能机构各自职能的有效发挥。高校学生组织机构是开展学生教育管理工作的组织保证，是高校学生干部队伍建设的重要载体。高校学生组织的机构设计是否合理、组织结构是否健全以及组织职能是否完善直接关系学生工作的成败。

组织结构就是组织中正式确定的使工作任务得以分解组合和协调的框架体系。由于高校学生组织在不断地发展，所以组织结构不可能一成不变。但不管组织结构怎样变化，它必须反映高校学生组织的目标和计划，向学生干部分配充分的可利用的职权，适应高校学生组织所处的环境，同时配备恰当的学生干部。

1. 高校学生组织结构的影响因素

（1）战略与结构。高校学生组织的总体战略和组织结构是紧密联系的，结构应该服从于战略，高校学生的组织结构也受制于组织战略的选择和定位。在高校学生组织建立之初，组织的战略较简单，只要求一种简单、松散的组织结构形式来执行这一战略。这时，组织的复杂性和正规化程度较低，决策可以集中在一个高层管理人员手中。当高校学生组织成长以后，它们的战略变得更有雄心，也更加复杂了，需要规模庞大、结构复杂、功能齐全的组织机构来承担组织的战略意图。

（2）规模与结构。高校学生组织的规模对其组织结构具有明显的影响。高校学生组织结构与其自身规模的关系为：高校学生组织规模越大，工作专业化、规章标准化、权力分散的程度就越高，但这种关系并不是线性的，随着组织规模的扩大，规模的影响力显得越来越不重要。

（3）环境与结构。高校学生组织所面临的外部环境也是组织结构一个主要影响力量。高校学生组织是存在于一定的环境中的，高校学生组织的外部环境必然会对组织结构产生影响。一般而言，学生正式组织结构在稳定、确定的环境中运作更为有效；学生非正式组织结构在动态、不确定的环境中运作更为有效。

（4）成员与结构。对学生组织成员持不同的人性假设，就将产生不同的学生管理工作方式和手段，从而会形成不同的组织结构。同时，学生组织成员的兴趣爱好、学历层次、社会经验和综合素质都对学生组织的结构搭建产生影响。一般而言，学生组织成员学历层次越高、社会经验越丰富、综合素质越好，学生组织的结构就越稳定、越正式，与社会的交往也就越频繁。

2. 高校学生组织结构的基本类型

（1）直线制组织结构。直线制组织结构是最早被使用也是最为简单的一种结构，是一种集权式的组织结构形式。直线制组织结构是一种低度部门化、宽管理跨度，由各级学生干部领导人执行指挥和管理职能，且不设专门的职能机构的组织结构。学生组织等学生非正式组织常常采取这种组织机构。直线制组织结构的优点是责任明确、设置简单、便于集中管理。其缺点是正规化程度低；没有设立专门的职能机构，容易产生忙乱现象；一旦学生组织规模扩大，这种组织结构就不适应。

（2）职能制组织结构。职能制组织结构是把个人专长相似或相关的学生干部组合在一起的组织结构，它是将按职能划分部门的方法应用到整个高校学生组织范围而设计出来的。职能制结构的优点是可以有效地开发和使用技能，提高高校学生组织的工作效率；各职能部门任务专业化可以减少人员和资源的重复配置；便于发挥学生干部的专长，学生干部喜欢与完成相似任务的人待在一起，可以激发学生干部的工作积极性。其缺点是过于追求职能目标会导致各职能部门负责人看不到高校学生组织的整体利益；一个部门难以理解另一部门的工作；各职能部门之间缺乏协调和沟通。

（3）直线职能制组织结构。直线职能制组织结构是把直线制和职能制结合起来而形成的组织结构。直线职能制组织结构是以直线为基础，在学生组织主要负责人之下设置相应的职能部门，分别从事专业管理，实行主要负责人统一指挥与各职能部门具体执行相结合的组织结构。学生会组织、研究生会组织、青年志愿者组织等学生正式组织常常采取这种组织结构。直线职能制组织结构的优点是既能集中统一指挥和管理，又能发挥专业管理的长处，提高了管理工作的效率。其缺点是信息传递的路线较长，信息反馈较慢，对环境的变化缺乏一定的适应性；学生组织各职能部门之间的横向联系较差，容易产生脱节与矛盾；权力主要集中于学生组织主要负责人手中，下级缺乏必要的自主权力。

（4）事业部制组织结构。事业部制组织结构是一种由相对独立的单位或事业部组成的组织结构，它是以产生目标和结果为基准来进行部门的划分和组合，其最大特点是集中决策、分散经营。学生社团联合会组织经常采取这种组织结构。事业部制组织结构的优点是提高了学生组织管理的灵活性和适应性；有利于学生组织管理层摆脱日常事务，集中精力做好制定组织大政方针工作；该种组织结构适合于较为复杂的学生组织。其缺点是各事业部经常从本事业部门利益出发，容易产生不顾组织整体利益的现象；增加了管理层次，造成机构重叠，资源重复配置；各事业部之间人员互换困难，相互支援能力较差。

（5）矩阵制组织结构。矩阵制组织结构是由纵向的职能领导系统和为完成某一任务而组成的横向项目系统组成的组织结构。这种组织结构适合在需要对环境变化做出迅速而一致反应的组织中使用。各类大型学生组织中的活动项目组常常采取这种组织结构。矩阵制组织结构的优点是对特定的需要和环境活动的变化具有较强的灵活性和适应性；将组织的横向联系和纵向联系很好地结合起来，有利于加强各职能部门之间的协调，及时沟通情况，解决问题；把不同部门且具有不同专长的人员组织在一起，有利于互相启发，集思广益。其缺点是任务一旦完成，该组织即行解散，所以容易使小组成员产生临时观点，不安心工作；每个成员接受两个或两个以上的上级领导，容易造成权责不清；在管理方面存在一定的复杂性。

（6）项目制组织结构。项目制组织结构是在矩阵制组织结构基础上发展而来的一种组织结构。所谓项目制组织结构是不设正式的职能部门，成员没有职衔，项目团队的组建、解散和再组建都是依工作需要而定，所有工作都是以项目团队的方式开展。学生科研课题组、实践团队等学生组织常常采取这种组织结构。项目制组织结构是一种具有流动性和灵活性的组织结构，这种组织结构与矩阵制组织结构不同的是：矩阵制组织结构中完成某一项目的成员可以回到所属的职能部门，而项目制组织结构中的成员则直接带着他们的技巧、能力和经验到另一项目团队工作或者随着项目任务的完成而解散。

（二）高校学生组织设计

组织设计是以组织结构安排为核心的组织系统的整体设计工作，是一项操作性、实践性很强的工作。高校学生组织的组织设计实质是对高校学生干部的管理工作进行横向和纵向的分工，通过对学生干部管理工作的分工，将不同的学生干部安排在不同的工作岗位和部门中，并通过他们在各个专门化职能部门中的管理工作来使整个高校学生组织有效地运转起来。

1. 高校学生组织设计的类型

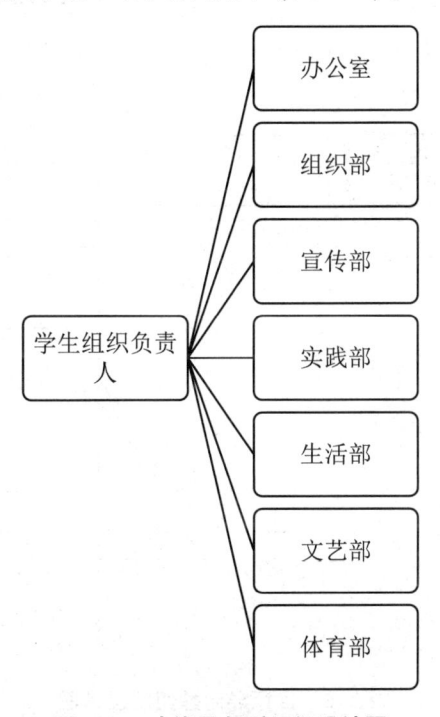

（1）功能导向型组织设计。功能导向型组织设计主要是从高校学生组织功能的角度来进行组织设计，要求将高校学生组织中从事相同或类似工作的学生干部集中在同一个职能部门。功能导向型组织设计的主要特点是各部门工作分工较细，工作效率高，强调专业特长和工作程序，部门内成员从事的工作大体相同（图2-1）。

图 2-1 功能导向型组织设计图

（2）目标导向型组织设计。目标导向型组织设计要求将实现同一目标的学生干部集中在一个工作部门。一个部门的组建就是为了完成一个既定的组织目标。目标导向型组织设计的主要特点是各目标部门的任务可以是相同的，也可以是不同的；为了实现部门目标，部门成员的配备是全方位的，每个目标部门配置的成员职责相近（图2-2）。

（3）项目导向型组织设计。项目导向型组织设计是一种现代化的组织设计，是以上两种组织设计的混合，要求从各职能部门中抽调学生干部并分派到活动项目小组中开展工作。项目导向型组织设计的主要特点是活动项目小组的任务一旦完成，该小组即行解散；职能部门和项目部门双重领导其成员，职能部门领导与项目部门领导之间容易产生冲突和矛盾，需要两类部门领导间经常保持沟通，共同解决冲突。

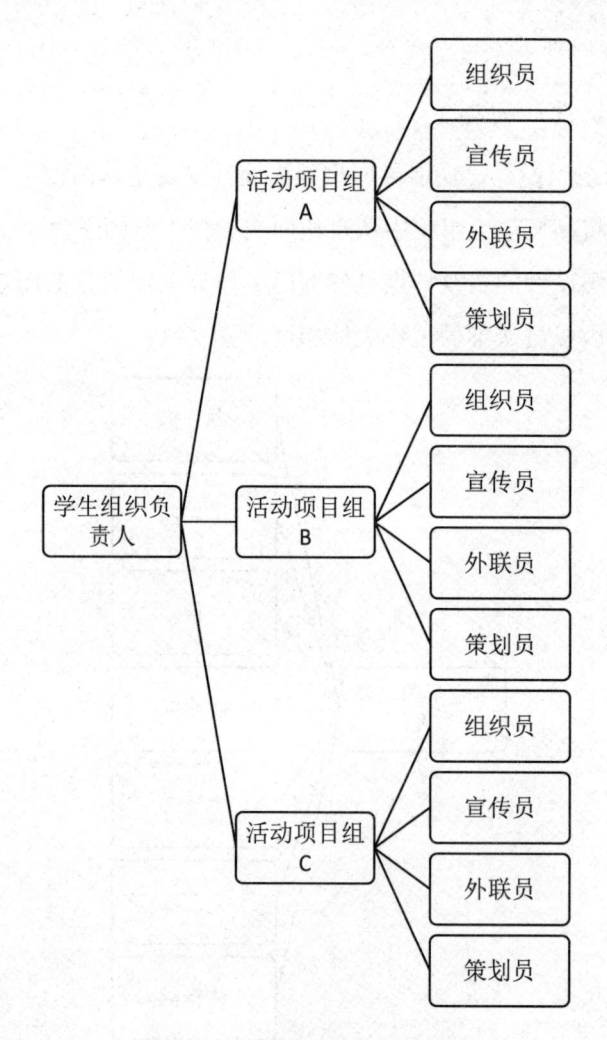

图 2-2　目标导向型组织设计图

2. 高校学生组织设计的流程

（1）制定合理的组织目标。组织目标是进行组织设计的基本出发点。高校学生组织的组织设计第一步就是要在综合考虑高校学生组织的外部条件和内部条件的基础上，确定合理的总体战略目标及各种具体管理目标。当组织目标确定后，就必须对整个高校学生组织的全部工作进行深入细致的分析。

（2）确定具体的工作任务。根据高校学生组织的目标要求，对能够实现组织目标的各种活动和任务进行明确的分类，确定为实现组织目标所必须进行的具体管理工作。

（3）建立相应的组织机构。根据组织目标和工作内容，把性质相同或联系紧密的工作归并到一起集中处理，集中处理这些工作需要专门化的职能部门。在保证组织效率和控制成本的基础上，规划组织机构合理的职能部门类型、数量和相互间合作关系即管理组织形式，实现组织机构的层次化和部门化。通过明确规定高校学生组织各职能部门之间的相互关系以及它们之间相互沟通和相互协调的原则和方法，把各职能部门联结起来，形成一个能够协调运作并能有效实现组织目标的机构体系。

（4）设计明确的岗位职责。根据组织目标以及各职能部门工作的性质和内容，明确规定学生组织各职能部门及其负责人应承担的职能职责，编写职务说明书。

（5）选拔合适的工作人员。根据学生组织各职能部门的职能职责和各岗位的职务说明，招聘、选拔适合的学生干部并分配到合适的职务岗位上。同时，根据做好高校学生组织管理工作的实际需要，授予学生组织各职能部门及其负责人适当的权限。

（三）高校学生组织的职务设计

在管理学中，职务设计是指将任务组合起来构成一项完整职务的方式。高校学生组织管理工作是由许多任务构成的，这些任务可以组合为职务，在高校学生组织中，成员所担任的职务并不是随机确定的，学生组织的负责人应当根据学生干部的工作能力和个人专长对职务进行有意识的设计与安排，从而使学生干部充分发挥其潜能。学生干部职务因工作任务组合方式的不同而各异，正是由于这些不同的组合方式创造了多种职务设计的方法。下面主要探讨以下五种职务设计方法：

第一，职务专业化。职务专业化是将高校学生组织中的职务划分成细小的、专业化的工作任务和职务岗位，这种设计方法要求将学生干部职务的职责设计得尽可能专业、明确、易行。但这种设计方法可能会使学生干部职务内容变得过于单一，学生干部总是重复着一些程序化的、简单化的工作，就可能表现出反感和厌倦的情绪，从而影响工作效率，甚至选择退出学生组织。

第二，职务扩大化。职务扩大化是增加学生干部的职务广度，也就是增加了一个职务所完成的不同任务的数量，并减少了职务任务循环重复的频率。通过增加一个学生干部所执行任务的数量，也就提高了一个工作岗位的任务多样性。职务扩大化试图避免过度专业化造成的多样性缺乏，但它也可能会使学生干部感到缺乏一定的工作稳定性。

第三，职务丰富化。职务丰富化增加学生干部的职务深度，它允许学生干部对他们的工作拥有更大的自主权、更多的独立性和更强的责任感去从事一项完整的项目活动。职务丰富化可以让学生干部得到更大、更全面的锻炼，以便学生干部可以更客观地评价自己的能力和改进自己的工作。

第四，职务轮换。职务轮换是一种避免职务专业化缺陷的尝试。职务轮换有纵向轮换和横向轮换两种类型。但我们一般谈及的职务轮换是横向轮换，横向轮换可以依具体情况和要求来进行，让学生干部处于不断变化的工作状态之中，如制订培训规划，让学生干部在一个工作岗位上从事两三个月的活动，然后再换到另一个工作岗位，以此作为培养手段。职务轮换的优点是拓宽了学生干部的工作领域，给予他们更多的工作体验，从而使得学生干部对组织中的其他活动有更多的了解。其不足之处在于将一个学生干部从先前的工作岗位转入一个新的工作岗位，需要增加管理成本，也可能会导致整体工作效率下降。

第五，工作团队。工作团队代表了一种先进的职务设计方法，它是围绕工作目标和任务组建工作团队，再把工作团队的整体目标和任务分解到各个职务的职责中去。工作团队有综合性工作团队和自我管理工作团队两种类型。综合性工作团队是把一系列工作任务分派给一个小组，然后小组再向每个小组成员分派具体的工作任务，在工作任务需要的情况下，可以在小组内成员之间轮换工作。自我管理工作团队拥有更大的自主权，一旦确定了需要达到的目标后，它就有权自主地决定工作任务的分派，自我管理工作团队还可以挑选自己的成员，并让成员互相评估工作绩效。

二、高校学生的干部管理

高校学生组织学生干部是指在高等学校的学生正式组织中担任一定的领导职务，承担一定的学生教育管理任务，履行一定的沟通与服务职能的学生。高校学生干部是学生群体中的核心人物和先进分子，是增强学校、院系与普通学生之间联系的桥梁和纽带，是学校开展大学生思想政治教育与事务管理工作必须依靠的重要力量，是学生实现自我教育、自我管理、自我服务、自我发展的组织者和管理者，是学校各项教育管理制度和校风学风建设的具体参与者和实施者。因此，高校学生干部在学生思想政治教育和学生管理工作中起着不可低估的作用，他们的思想政治素质和组织管理能力的优劣直接影响到高校学生管理工作的成败。

（一）高校学生干部的选拔

建立高素质的学生干部队伍，选拔是第一步，选拔是加强学生干部队伍建设的前提。把握好学生干部的选拔环节是提高学生干部整体素质的关键，学生干部的选拔是保证队伍高效精干的基础。要建设一支高素质的学生干部队伍就必须重视学生干部的选拔，认真做好学生干部选拔工作。在选拔学生干部的过程中，高校学生工作者应坚持民主集中制和公平公正、扬长避短、量才使用、结构优化的主要原则，通过竞选制、选举制、任命制、自荐制、推荐制、招聘制等多种途径，把品质好、素质高、能力强、工作积极、在同学中有威信和凝聚力又愿意为广大同学服务的优秀学生选拔到学生干部岗位上来，充分发挥其能力，更好地为同学们的学习、生活服务。具体而言，选拔高校学生组织学生干部的标准主要有以下六个方面：

第一，思想政治素质。高校学生干部必须是具有较高思想政治素质的优秀学生，成为讲政治、讲原则、会思考、明事理的学生精英，成为高校各类思想教育活动的领头人、组织者和参与者。学生干部必须在政治上保持清醒的头脑，具备坚定的政治立场和正确的政治观念；有一定的政治敏感度，能够较好地认识上级有关精神，能够按学校的意图传达学校教育思想，带头贯彻学校的各项要求，对学生中存在的一些热点、疑点、难点问题有正确的认识并及时加以引导和解释。

第二，专业知识素质。一所学校学风的好坏直接关系到学校能否培养出有较高文化素质的学生。高校学生干部应该以学为主，学生干部也是学生；学生应当求知，更应该求其所需的知识，学习和成长是中心任务；同时担负一定的社会工作也是一个学习和锻炼的机会，要处理好工作和学习的关系。学生干部应该在学有余力的情况下从事学生工作来提升自己其他方面的能力，因而其学习成绩至少在班上达到中等偏上水平，只有这样，学生干部才能在同学中树立威信，发挥其榜样作用，得到同学的信任和支持，以保证各项工作顺利进行。因此，在选择学生干部的时候一般要选择专业素质和工作能力兼备的学生。

第三，个人综合素质。学生干部应当具备团队精神、领导力、感染力、亲和力、洞察力、高度的责任心、思维的超前性、行动的敏捷性等素质。学生干部还要具有良好的组织协调能力以及与他人沟通的能力，处事果断，要有魄力。学生干部也应有谦让他人的豁达胸襟，能够听取不同的意见，应有严于律己的自我批评精神，能够经常解剖自己，敢于承认自己的缺点和错误。

第四，工作态度热情。学生干部必须是工作态度端正、工作热情高、积极进取的学生，这就要求所选拔的学生干部严格要求自己，有端庄正派的良好作风，工作务实求真，不弄虚作假，并能克服工作中的各种困难。学生干部还应该牢固树立服务意识，具有全心全意为同学服务的高尚情操，对同学要有一颗爱心，平等相待，真诚相助，这样才能赢得同学的信任和尊敬。

第五，开拓创新意识。社会需要大学生不仅要有扎实的专业知识和运用这些知识的能力，而且要有强烈的开拓创新精神。同样，学生干部也应该具有创新意识，在各项工作中要思维活跃，有新想法、新观点，敢于打破传统观念的束缚，能够从不同的角度去分析问题，能够应用多种策略去解决复杂的问题，这样的学生干部才能协助老师更好地完成学生工作，才能把学生工作做得好。所以，开拓创新意识是一个优秀学生干部必不可少的能力和素质。

第六，心理健康素质。健康的心理素质是学生干部综合素质得以提高的内在动力，决定和影响学生干部工作绩效。作为学生干部不可避免地会面临同学的不理解和老师的批评，免不了会受到一些委屈，这就要求我们在面对同学的不理解和老师的批评时，要有耐心和信心，从老师同学的不同意见中寻找工作方面存在的问题及其原因，从老师同学那里吸取中肯的建议，及时改进自己的工作方式、方法，以期得到老师同学的理解和认可，并为未来把工作做得更好而吸取经验、总结教训，为下一步工作提供参考。所以，作为一名优秀的学生干部，需要具有健康的心理状态和良好的心理素质，增强心理承受能力，发展积极的个性心理，养成乐观向上的性格，从而提高高校学生工作的效率。

（二）高校学生干部的培养

由于学生干部融入社会的程度低、年龄较小、社会阅历浅薄，学生干部队伍建设还存在着一些不尽如人意的地方，因此，高校学生工作者应该在指导学生干部开展工作的同时，重视对其各方面的培养和教育。通过干部培训班、工作研讨会、经验交流会、现场观摩模拟等多种形式，教给他们各种工作方法，传授给他们各方面的知识技巧，帮助他们不断改进工作能力，提高工作水平以及对社会工作的认识，激发他们为同学服务的积极性，同时还要督促他们重视并加强自我修养，帮助他们正确认识自己、正确认识社会、正确认识时代，使其综合素质不断提高，更好地胜任学生干部工作岗位。

1. 高校学生干部的培养要点

（1）思想政治素质培养。高校学生干部必须具备良好的思想政治素质，高校应重视对学生干部的思想素质教育。培养学生干部高尚道德情操，对学生干部进行思想教育，使其能运用正确的世界观、人生观、价值观去认识社会、认识人生、分析事物、解决矛盾，增强社会责任感和使命感，具有坚定正确的政治方向，树立远大的理想，为国家和社会的发展和进步而学习。培养高校学生干部的思想政治素质可以通过以下途径实现：①引导学生干部积极参加社会活动、承担社会工作，提高学生干部的认识水平和实践能力；②定期组织学生干部进行思想政治素质的培训，使他们形成正确的世界观、人生观和价值观，更好地为同学、为学校、为社会、为祖国服务；③通过如青年节、建党节、国庆节等有纪念意义的节日和活动，培养和提高学生干部的思想政治素质。

（2）工作业务能力培养。高校学生干部的工作业务能力培训主要包括学生工作的基础知识和专业技能培训，如学习思考能力、沟通表达能力、组织管理能力、统筹协调能力、团结合作能力、人际交往能力、信息处理能力、实践操作能力等。学生干部的工作业务能力培训应因人而异，要根据学生干部的不同情况，为他们提供适合的培训内容。高校学生工作者可以通过以下途径针对学生干部各种工作业务能力开展培养：

第一，为高校学生干部举办专业、系统、完善的工作业务能力培训，让学生干部了解清楚本学生组织各职能部门之间的分工和自己的工作职责，掌握各种类型的应用文写作以及撰写活动计划、预算和总结的方法，帮助他们尽快熟悉学生工作和提高自身的工作业务能力。

第二，推动学生干部之间进行广泛的经验交流，通过召开同一学生组织不同职能部门学生干部之间、不同学生组织学生干部之间、不同年级学生干部之间的座谈会来交流工作经验，以促进学生干部工作经验的分享、工作能力的提高和工作方法的改进。

第三，组织开展目的性强、内容丰富、形式活跃的实践活动，以锻炼培养学生干部的工作业务能力，做到理论与实践相结合，让学生干部在实际工作中培养认识问题、分析问题、解决问题的能力，在制订计划、实施计划、总结评比中培养组织管理能力与团结协作意识。

（3）心理健康素质的培养。作为高校学生干部，在工作中总会遇到这样或那样的困难，在竞争中也会受到各种失败和打击，在学习和生活中也会遇到一些挫折，高校学生干部只有不断地进行心理健康的自我调适，才能在与困难的斗争中不断前进。因此，高校学生工作者要有意识地在工作开展过程中，通过举办一些心理讲座论坛，开展心理沙龙活动，建立学生干部心理档案并跟踪指导，建立学生心理咨询网站等工作，来培养学生干部承受挫折的能力和艰苦奋斗的精神，使其具有较强的自我调适能力和心理抗压能力，从而使学生干部形成健康、良好、稳定的心理状态。

2. 高校学生干部的培养措施

（1）培训课程的内容要具有针对性、规范性、合理性和层次性。培训课程的内容要生动、丰富、全面，课程内容设计能够全方位体现学生干部理论素质和实践能力培养等多方面的需求，满足学生干部成长、成才的内在需要。培训内容主要是针对高校学生干部在开展学生工作过程中的问题而设计。高校学生工作者在制订学生干部培训规划、规定学生干部培训内容和建立学生干部培训机构时一定要具有规范化的意识，针对学生干部个人发展需要和岗位工作需求，并结合学生工作在不同阶段的发展特征，培训内容要不断更新，从而优化学生干部培训课程的内容设置，开阔高校学生干部的视野，更新高校学生干部管理理念。

（2）培训课程的形式要具有多样性、创新性、灵活性和适应性。学生干部的培训应采取多样化的形式。在培训的形式上，既可以采用传统培训模式，也可以采取开放培训模式。传统的培养模式主要是指通过开设课程，用"以会代训"的方式对学生干部进行系统的理论知识教育和工作方法培训。

（3）培训课程的考核要具有规范性、实效性、公平性和机制性。培训课程要抓实效、规范的考核，为配合培训课程的科目化实施，学校可以建立学生干部培训班或学生骨干培训学校，建立规范化的培训课程，并加强课程学习考核机制。学校相关学生管理部门每年在全校范围内选拔学生骨干参加校级培训，各院系在学院层面开设干部培训班，明确每个学生干部必须在一定时期内通过相应的培训才能参与具体工作，并保障培训的出勤率才予以颁发任职证明。同时，只有让学生干部参与培训的考核，才能保证学生干部获得任职证书的公平性。

（三）高校学生干部的考核

第一，高校学生组织学生干部考核要采取立体交叉、条块结合、上下结合、横纵结合等方式进行。学校应该制定出明确的考核条例，加强对学生干部工作业绩、工作作风的考评。在考评方式上可采用全体同学对学生干部进行考核、学生干部之间相互考核、指导老师对学生干部进行考核、学生干部自我考核等方式。在考评时间上可采用阶段性和长期性相结合，也可以通过定期公布学生干部的工作和学习情况等形式，对学生干部的"德、能、勤、绩、学"进行考核，综合评估，考核结果进入学生干部档案。对于考核不合格的应及时予以调整，使学生干部的工作始终处在广大同学的监督之下，激励他们以更高的标准严格要求自己。还可以引入工作绩效考评指标，将考评适当量化，以取得更好的考评效果。

第二，高校学生组织学生干部考核要坚持考核的定期机制与培养的长效机制相结合的方法，建立公平、公正、公开的学生干部考核体系。完善合理的考核制度、规范可行的考核流程、客观公正的考核方法是维护学生干部日常工作积极性的有效途径。我们应该把学生干部工作干得好与干得不好区分开来，正确客观地评价学生干部的工作业绩，不仅要对优秀的学生干部进行表彰，同时也要对学生干部群体中的落后者提出建议，告诫他们要努力工作，向高标准看齐。

第三，高校学生组织学生干部考核要建立全面和重点相结合、定性与定量相结合、过程与结果相结合、民主与集中相结合、肯定与批评相结合的学生干部考核制度。高校学生组织学生干部考核既要进行全面的整体考核，又要突出重点，抓住重点个案进行考核；考核学生干部须将工作质量和工作数量结合起来；考核看重的不能只是过程或者结果，而应将过程和结果综合分析；要把学生干部自己对自己的评价与指导老师和同学对自己的考核结合起来；要把表扬和批评结合起来，但应以表扬为主、批评为辅。

第四，高校学生组织学生干部考核要形成考评机制，实施量化考核与目标考核。一方面，为了使高校学生干部的考核更合理化、公平化、社会化，高校学生组织管理者可制定一系列的考核制度与措施，作为考核学生干部的有效手段。通过建立这些有形载体，把他们的工作内容和项目进行细分，并用一定的分值进行量化，从而对学生干部的工作进行定量考核。另一方面，高校学生组织管理者可通过动态管理使学生干部明确自己的工作内容、工作方法和工作目标，增强责任意识、岗位意识、危机意识，从而实现目标考核。

第三节 高校学生组织文化与制度建设

一、高校学生组织文化

组织文化是组织在长期发展过程中形成的，为该组织成员所共同感知的内在的价值标准、基本信念、行为制度规范及外在形象的综合体系，它是组织的核心价值观、核心理念的外在表现。高校学生组织文化也是通过学生组织内在的精神、制度、物质等多方面的文化表现出来，如组织理念、愿景使命、信念价值、态度意识；组织氛围、规范制度，组织仪式、传说故事、人物事迹；组织口号、组织标志、干部风貌，以及组织运作程序与管理模式等。

（一）高校学生组织文化的类型

组织文化的类型划分有多种方式，在本质上这些划分并没有太大的区别。根据研究对象的不同，在此我们将学生组织文化划分为以下四个层次：

1. 物质文化

物质文化层是指组织文化的物质形态，是组织在发展过程中积累下来的、凝聚了组织深层文化精神价值的表层物化形式存在的总称。高校学生组织的物质文化通过外在活动和各种有形的具体的实物表现出来，既包括组织内可见可触的客观存在物，如文本档案、活动设备、网络设施等硬件；也包括可供欣赏的物质形象，如办公活动场所的风格、组织的名称、标志、标语口号等软件；还包括组织机构设置及成员的精神风貌和行为举止，如语言、服饰风格等。内涵丰富的物质文化，既是学生组织的物质基础，也反映了学生组织的素质水平和创造能力。这是在师生中塑造良好学生组织形象的重要途径，是学生组织文化建设中外在的、最容易表现的部分。

2. 行为文化

组织文化的行为层也叫组织行为文化，指组织成员在学习、工作、娱乐等活动过程中产生的活动文化，包括在组织运作、宣传培训、人际关系活动、文娱体育等活动中产生的文化现象。高校学生组织的行为文化使组织成员的行为能够形成比较统一的、共有的模式。学生组织在营造行为文化时应建立组织行为的规范、组织人际关系的规范以及组织公共关系的规范，这是组织精神面貌的动态反映，也是组织价值观的折射。上至学生组织领导者、模范人物，下至学生组织的每位成员，都应具有个人所应承担的规范的行为特征。高校学生组织行为规范包含任务规范和社会规范两部分，任务规范规定了成员完成工作任务所须遵守的规则；社会规范涉及成员在组织中与他人交流时所须奉行的准则，如合作、友爱、关注他人的感受等。规范的制定和执行过程，就是组织行为文化同化的过程。

3. 制度文化

制度文化在组织文化结构中处在中间层，是显性物质文化与潜在精神文化之间的纽带，同时也将行为文化规范制度化。高校学生组织的制度文化包括在管理中所制定的起规范保证作用的制度、方法以及由之产生的文化氛围。在高校学生组织中，制度文化的建设包括组织各项制度的外在存在形式及这些规章制度所遵循的理念。组织文化制度层约束和规范着精神层和物质层的建设，是价值观塑造的保证。一个学生组织的正常运转离不开制度做保证，如果缺少规章制度来约束和规范成员的行为，将导致学生组织纪律涣散，秩序较为混乱，成员间的人际关系不协调，直接影响组织价值目标的实现。

4. 精神文化

精神文化是指组织在长期实践过程中形成的，受一定思想意识和文化背景影响，为组织成员共有又比较稳定的内心态度、意志状态、思想境界和理想追求。高校学生组织的精神文化包括学生组织的组织精神、组织道德、基本价值观、精神风貌等，其中尤以价值观为核心。相对表层的物质文化、浅层的行为文化和中层的制度文化而言，高校学生组织的精神文化是组织文化结构的核心，它是物质、行为、制度文化的升华，是组织的上层建筑。这种精神体现了所有成员的意志和利益，是成员对组织的信任感和荣誉感的集中体现。

高校学生组织的物质文化、行为文化、制度文化和精神文化是相互关联、密不可分的整体。高校学生组织文化的精神层为物质层、行为层和制度层提供思想基础，是学生组织文化的核心；高校学生组织文化的制度层约束和规范物质层的建设，也是行为层的制度化；高校学生组织文化的行为层是组织精神、制度的具体化；而高校学生组织文化的物质层则为行为层、制度层和精神层提供物质基础，它们相互作用，共同形成组织文化的全部内容。

组织文化建设是一项长期而艰巨的工程。高校学生组织应立足于自身特点，选择正确的价值标准，规范组织的制度行为，积极地开发利用组织文化资源，在认识、实践过程中不断将其深化，使学生组织达到更高的发展层次。

（二）高校学生组织文化的要素

1. 核心要素——"服务同学"的组织价值

组织价值观是组织全体或多数成员一致认可的、关于组织意义的最终判定，是指导人们有意识、有目的地选择某种行为以实现物质和精神满足的思想体系。价值观主导着组织文化的其他各要素，如组织宗旨和信念、道德规范和制度规则等，是组织的基本理念和信仰，因此，组织价值观是组织文化的核心要素。组织价值观渗透于管理的各环节中。价值观的形成不是一蹴而就的，而是经过长期积淀，逐渐内化为组织成员的意识和行为，是决定着组织的生存发展趋势的观念和思想理念。

组织价值观的重要性主要表现在四个方面：①组织价值观解决了最基本、最一般的认识问题，是组织成为一个组织的基本条件，是组织存在和发展的基本基点；②组织价值观明确了组织的共同愿景和宗旨，界定了"组织"这一概念的具体内容，并建立了组织内部的成就标准，为其指明了前进方向和目标；③组织价值观是制度的制度，是决定其他各种规章制度的总纲领和总基调；④组织价值观决定着组织的基本行为导向和组织的行为特征。

高校学生组织须依据自身特性，构建"服务同学"的核心价值观，为广大同学的成长、成才服务，促进广大同学德智体美全面发展是高校学生组织存在和发展的基本出发点和落脚点。高校学生组织要树立服务同学、结交朋友、锻炼能力、施展才华、完善自我的核心价值观。此外，高校学生组织的成员都是学生，他们是朝气蓬勃的一代，因而高校学生组织的组织文化也不能缺乏学生独具的团结活泼、严谨勤奋的特色。同时，高校学生组织的成员作为具有较高文化素质的群体，是学校最具代表性的优秀学生，这样的组织更应体现当代大学生的先进性，注重开拓进取、求实创新的理念。基于组织核心价值观的核心地位，高校学生组织应强调塑造全体成员普遍认同的价值观，创造和谐一致、积极向上的文化氛围，发挥高校的整体文化优势，使学生组织在激烈多变的竞争环境中发展壮大。

2. 中心要素——"以人为本"的组织理念

人是生产力中最活跃、最具革命性的因素，"以人为本"的管理理念正是依据人的本性进行管理，把人视为组织中最宝贵的资源和管理中最主要的要素。在管理实践中贯彻尊重人、理解人、关心人、信任人、发展人和服务人的原则，强调组织成员之间相互平等，应该相互尊重、相互关爱，处于相同的地位，享有同样的权利。通过有效的方法，发挥人性的优点，抑制人性的弱点，提供能发挥人的潜能、智慧和创造力的环境，充分发挥人的主动性、积极性和创造性，使人在创造财富、实现组织目标的同时，实现自身价值，从而使得组织和成员个人成为利益共同体，相互间的命运息息相关。

马斯洛的需求层次理论认为，人的需要可以基本分为生存的需要、安全的需要、社交的需要、尊重的需要和自我实现的需要。高校学生加入学生组织，成为学生干部也可以依据马斯洛的需求层次理论进行分析。一般而言，大学生加入学生组织成为学生干部的需要也是多元的。有些学生加入学生组织，是基于获得一段学生工作经历和履历的需要，并为未来职业选择获得一定的砝码和敲门砖；有些学生加入学生组织，是基于想在学生组织中结交到志同道合的朋友，扩大人际交往圈，并在工作中获得团队、朋友的关心、支持和尊重的需要；有些学生加入学生组织，是基于在学生组织中锻炼自身的工作能力，并在参与学生组织的工作中实现自身价值的需要。由于学生组织工作的无偿性，学生干部一般无法从此处获得直接物质性的奖励，所以也有一部分学生参加学生组织是具有利他主义精神的，即他们大多抱着奉献自我、服务他人的心态从事学生组织的工作。因此，高校学生组织应该让各种各样的个性差异、个体需求在本组织的文化中有更多生存发展的空间。

高校学生组织要满足组织成员的多种需要，要满足服务对象的更多需求，就必须建立"以人为本"的组织理念，更多地站在组织成员的角度和服务对象的角度去思考问题，去安排工作，去设计活动。具体而言，要做好以下方面工作：①尽力营造出一种可使成员全身心投入工作、迎接挑战的积极的工作氛围。良好的工作环境非常重要，通过调整岗位和团队结构，使其始终处在兴奋状态，工作能力才能得到不断提高。②要在保证公正、公平的前提下，通过经济、精神或晋级培训等个人发展方面的奖励手段，有效激励成员取得更加优异的成绩。③积极地提供给成员以重要工作，使其承担更多的责任，提高其责任心，为组织整体的成功做出贡献。④任人唯贤，为能力出众的成员提供施展才华的机会，使他们在发挥自己潜能、实现抱负的同时，形成对全体成员的一种正向激励引导。⑤主动地、经常性地开展调查研究，掌握服务对象的准确需求，根据服务对象的需要来制订计划、开展活动。同时，要对每一项活动的效果进行事后评估，要以服务对象欢迎不欢迎、满意不满意、支持不支持为标准评判高校学生组织的工作，并作为以后改进工作的依据。

3. 关键要素——"团结友善"的组织氛围

组织文化的重心在"文化"，它必须依照文化的规律发挥其作用，因而也具有文化所具的软性或隐性特征。与资金、设施等外在的硬件要素相比，组织文化这种软件要素更为重要，它对组织的生存和发展更具有决定意义。组织，不仅是一种实体存在，它提供给成员生存发展的场所，而且使成员满足心理上的社会归属需要。

高校学生组织工作是无偿性的工作，高校学生组织没有外在所提供的经济利益条件加以刺激，这就更需要内在的认同感将每位成员统一起来。高校学生组织依靠显性的有形载体，使存在于组织成员中的群体心理定式形成一种无形的信念力量和组织氛围，使每个成员的行为选择接受组织文化的无形制约。高校学生组织要通过柔性的核心价值观、组织精神、理念观念等文化要素的引导，建立起平等友爱、团结友善、沟通协作、和谐发展的组织氛围，自动地调节成员的行为和心态，并逐渐将组织目标内化为成员的目标，形成一种无形的信念力量，在群体间产生巨大的协同力。

4. 重要要素——"造就英才"的组织使命

组织文化产生于特定的时代背景中，是时代精神的反映，同时也会随着组织内外环境的改变而不断优化和变革。因组织本身的性质功能各异，各组织的价值目标及使命自然也有差异。高校学生组织以学生为基础，作为先进文化的代言者和时代精神的塑造者，高校学生组织的学生干部们理应成为中国前进的后续推动力，是未来希望的承接者。因此，在这样的时代要求下，高校学生组织的组织文化应该体现出崇尚学术、传承文明、造就英才、服务社会的使命。通过学生组织各方面的历练，锻炼学生综合的素质和能力，不断向社会输送优秀的人才。

（三）高校学生组织文化的功能

组织文化对组织及组织成员的影响是多方面的，综合而言，高校学生的组织文化具有以下方面的功能：

1. 高校学生组织文化的内部功能

（1）凝聚功能。组织中的人作为能动的行为主体，仅仅靠硬性的规章制度来对其进行管理，具有一定的局限性，甚至或产生副作用，而组织文化这种软实力则刚好抵消了这种负面影响。学生参加一个学生组织的工作，会逐渐适应组织的内外环境和组织文化，把组织的观念和价值体系，内化为自身的价值观念。以组织价值观、共同目标和行为准则等形式出现的组织文化，本身已寄托了组织成员的理想和要求。当它获得组织成员普遍认可，成为一种群体意识后，便使成员产生一定的身份认同感，如一支黏合剂，将成员从各方面团结起来，改变原来从个人角度建立价值观的散沙状态，从而产生巨大的凝聚力和向心力。

高校学生组织文化的凝聚功能主要包括组织成员对组织的认同感、组织成员之间的认同感、对自我的认同感。有了认同感才有凝聚力。当组织成员目标一致时，他们能够积极地参与到组织事务中。他们坚信组织比自我更重要，在基于组织认可并接受的前提下充分发挥个人的聪明才智，也增强了其对组织的忠诚度和满意度，从而加强了高校学生组织系统的稳定性。

（2）导向功能。组织文化所强调的并不是纯粹的职业技能、技术操作、成员素质等方面的训练，也不是一般意义上的思想政治教育，而更倾向于成员价值、观念和行为方式的建构和教化。组织文化一旦形成，就建立起自身的价值、精神和制度规范，它将产生一种定势，这种定势必将成员向组织的理想目标引导。组织文化使其成员明确了解组织的核心价值观、组织氛围、组织使命，从而使得成员的工作目标以组织的发展目标为导向。高校学生组织文化的导向功能分成两种作用力，从避害角度告诉成员何为不许可，从趋利角度告知哪些受鼓励。对大多数成员而言，学生组织的价值观已成为共识，这种导向功能建立在自觉自愿的基础上，使其成员潜移默化地向着学生组织共有的价值观靠近，担当起其应该扮演的角色，同时也使得学生组织成员无意识地用基本一致的舆论倾向解释组织的行为事件。遵守组织文化是得到奖励和晋升的前提。学生组织正是依赖这些文化因素整合其内部的各种力量，将其统一于共同的指导思想和管理模式之下。这种价值观和信念指导学生组织的一切活动和行为。

（3）约束功能。组织文化对每位成员的思想和行为都具有一定的约束规范作用，它规定和调节着其成员的心理和行为表现。高校学生组织文化的约束虽然并不排斥见诸文字或规章制度的"硬约束"，但相对而言它更强调不成文的"软约束"，是靠着共享的价值观念、传统和风气来规范成员的行为。它制约着学生组织成员的行为所发生的范围，也制约着行为的选择模式。这些精神内容，潜移默化地对个体行为产生强大的心理压力和动力，从而使其在心理上产生共鸣，达到自我控制的效应。任何一个想要加入学生组织的个体，都必须在一定程度上按组织所设定的模式来实践自己的行为。符合基本假设和信念的行为方式可受到组织的认可和赞扬，从而获得心理上的满足与平衡；反之就会受到群体意识的压力和谴责，从而产生失落感及挫折感。

（4）激励功能。所谓激励，是指采取有计划的措施，对组织成员给予一定的刺激，从而引发其产生某些心理反应，做出预期的行为，以达到组织想要达成的目标。组织文化是以人为中心的，它的一切内容都围绕组织中的人所定。满足了成员的多重需求，这种文化便可产生激发、教导、鼓动和推进作用，它更多的不是靠外在的推动发挥作用，而是通过内在的引导。高校学生组织具有的积极向上的价值观念和行为准则将形成强烈的使命感，产生持久的驱动力，成为每位成员自我激励的一把标尺。这可以充分激发学生干部的动机，调动其积极性，使人产生一股内在的动力，朝着学生组织所期望的共同目标前进。高校学生组织文化的激励作用，最大限度地激发了成员的积极性和创造性，其作用结果往往可以起某种放大或缩小效应，从而使行为具有更剧烈、更明显的效果。

2. 高校学生组织文化的外部功能

高校学生组织文化除了具有凝聚、导向、约束、激励等内部功能以外，也具有影响着组织外部环境的外部功能，其主要表现为学生组织识别标志和学生组织形象塑造功能。高校学生组织的组织文化在组织发展过程中，使成员获得了共同的价值观念，它引导着成员的思维、言论及行为，使每一个学生组织都表现出各自的文化特色，从而与其他学生组织区分开来。学生组织的组织文化一旦形成，不仅对组织内部成员发挥作用，其鲜明的个性特征也将通过各种渠道传播开来，在公众面前树立起良好的组织形象，让外界更多地了解、认识该组织，从而取得社会的普遍认可。与此同时，这也增强了学生组织处理事务的能力，提高学生组织的知名度，使其获得更好的发展。优秀的学生组织文化，辐射面更加广大，甚至影响外在社会的价值观。在认识组织文化功用的同时，我们必须意识到它的双向性。

良好的组织文化对组织产生正向作用，病态的组织文化则具有反向作用。高校学校组织的组织文化同样具有上述的双向作用。如何积极地开发和成功地塑造学生组织文化，发挥它的凝聚、导向、约束、激励及其外部标志、形象塑造功能，使其资源能够得到最充分有效的利用，是任何高校学生组织都亟须考虑的问题。

二、高校学生组织的制度建设

制度建设是学生组织文化建设的重要组成部分，规章制度在学生组织的建设和发展过程中具有重要的规范和指导作用。所以，在营造高校学生组织物质文化、行为文化和精神文化氛围的同时，加强学生组织的规章制度建设具有重要意义。

制度文化是组织文化复杂整体中的一个子系统，是组织文化的规则层面和秩序系统。高校学生组织规章制度是指对学生组织中成员的行为可能发生制约作用的各种规则和规范形态的总和。高校学生组织的制度文化为组织成员的行为活动提供了钥匙或模式，其具体内容包括三个层面：一是学生组织传统、习惯、经验与知识积累形成的基本层面，如传统作风、活动规则、工作契约等；二是由学生组织管理者理性设计建构的高级层面；三是学生组织为保证制度得以实行和发挥作用而采取的手段、工具或其他措施等实施机制层面。

高校学生组织规章制度建设需要将三个层面的内容有机统一起来。

（一）高校学生组织制度建设的原则

如何使组织成员在规则制度这一环境的熏陶、训练和强制下，将各种活动习惯转化为自然，把外在的理性之物转化为内在的理性之物，从而"从心所欲而不逾矩"，这就要求高校学生组织的制度建构过程需要遵照以下三个原则：

1. 普遍适用性原则

规则不同于个别性、特定性的命令或决定，而是一种包含着普遍性的容许或禁止人的活动的规范，它不仅反复多次适用，而且适用于整个学生组织。在规章制度所涉及的范围内，不存在不受规则影响的主体，它把学生组织活动及结构中的主要领域纳入了自己调整的范围。因此，规则对学生组织关系的调整不是个别调整，而是规范性的一般调整。高校学生组织制度规则的制定必须使用具有较大综合性和包容性的术语。即使存在超出整体范畴的内容，在表述中也应有所提及。

2. 可供操作性原则

高校学生组织规则制度具有通过一定操作程序而确切地加以执行、使用和遵守的特性，它不受行为主体的任意说明与解释的控制和支配。高校学生组织制度文化是组织活动有序化的关键，其价值在于规范成员的行为，因此，高校学生组织的制度规则是科学的、肯定的、明确的，所设定的权利与义务必须是具体和确定的。同时，其设定的自由裁量范围不宜过大，否则会因不易操作而产生不公正的结果。

3. 规则一致性原则

高校学生组织制度规则的一致性就是指规则之间的不矛盾性、协调性及和谐性。尤其对同一类主体所施用的规则，必须保持逻辑上的一致性，不能出现同一层次规章制度之间相互冲突的现象。此外，高校学生组织制度文化的规则还应具有稳定性，必须保证一定时间内确定不变，便于为大家熟知，这是制度文化保持其权威性的根本所在。

总而言之，高校学生组织规章制度建设应根据自身需要，通过有目的地对组织成员进行能动作用和改造，使其发生符合制度文化理念需要的改变，达到对制度的真实理解和把握。

(二) 高校学生组织制度建设的作用

1. 规范组织成员行为

制度文化通过一系列规则规范为组织成员的活动或行为规定了限度，这个限度既包括权利与义务的明晰，也对人的活动空间和行为范围做了界定。它规定了哪些能够和可以做、哪些不能和被禁止做，从而形成其行动的界限。无权利意味着人们不能承担义务，无义务则意味着人们可以滥施权利，两者都会导致组织活动秩序的失范和混乱。

2. 整合组织价值观念

作为组织文化核心的价值观念一般无法被人直接感知，而需要依靠一定的实体，这就要求它必须与一定的规则规范相联系，并在制度文化自身形成和规范人的活动中发挥重要的作用。高校学生组织制度文化的具体安排与操作也受一定的价值观念的支配。在很大程度上，高校学生组织制度是一定学生组织价值理念的具体化，是一种结构化、程序化了的学生组织价值观。反之，高校学生组织价值理念就通过制度的程序化过程而得到体现、推广与弘扬，从而引导学生组织成员对组织价值观的认知、接受与实行。

3. 形成组织激励和约束

制度文化正是通过激励机制来鼓励组织中各种行为主体自觉地维护组织秩序，将随意性的激励演变为一种规章制度，意义更加深远。高校学生组织成员在已知的制度限度内办事，某种程度上也获得充足的空间以展现自身的主动性和创造性，充分发挥个人潜能。另外，高校学生组织制度规则的约束可以规定组织成员行为的方向，改变其偏好，影响其行为选择，从而达到组织的和谐与稳定。其具体方式表现为自律和他律两种，自律是通过内化的思想意识、价值观进行说服教育，是一种普遍存在的方式；他律则是依靠外部权威强制执行。

4. 预设主体行为目标和结果

由于制度的相对稳定性，使得成员可以事先感知遵守或违反制度规则的行为后果。高校学生组织制度建设提高了信息的透明度，使从事活动的主体可较快地形成比较准确的判断。借助这些信息资源，高校学生组织成员了解了行为程序和规则，可预见只要符合规则规定的条件，就不会受到阻挠，并达到预期的目标，从而可以确定行为和活动计划。同时，高校学生组织制度通过规范性调整机制，有效地减少组织成员之间的冲突，规范人们之间的关系，减少了信息沟通成本及不确定性。

第四节　高校学生组织战略与目标管理

一、高校学生组织战略的规划与目标

（一）高校学生组织战略规划

高校学生组织战略规划是战略规划在高校学生组织中的应用与实践，是贯穿于高校学生组织建设和一定发展时期的一切重大决策的指导思想及其事关高校学生组织整体、长远利益的重大目标的规划与谋略，是一种现代高校学生组织管理理念，也是一种新的高校学生组织管理方式。高校学生组织战略规划是高校学生组织的战略制定者站在高校学生组织整体、长远利益的角度上，在全面分析高校学生组织的环境（包括该组织的内外环境条件、机遇与挑战、优势与弱势）的基础上，制订高校学生组织的战略计划，充分整合高校学生组织的资源实施其计划，并在实施的过程中严密地督察环境动态、反馈和评价其实施的结果，以实现高校学生组织总体目标不间断的动态管理过程。

1. 高校学生组织战略规划的特征

高校学生组织战略规划应具有以下特征：

第一，全局性特征。高校学生组织战略规划需要对组织的内外环境进行全面、系统的评析，充分调动组织的各种资源来实施战略，以达到组织的战略目标。高校学生组织战略规划是一种综合性的规划，是对高校学生组织的全面管理、全局管理、全程管理。

第二，长远性特征。高校学生组织战略规划不只是着眼于组织的近期目标，而是谋划高校学生组织的中长期（通常为5年以上）发展目标，其着眼点是高校学生组织未来的发展。为此高校学生组织的管理者必须从战略的高度思考和处理问题，协调好高校学生组织发展中长远利益和短期利益的冲突。

第三，竞争性特征。现在的社会每时每刻都充满着激烈的竞争，高校学生组织要求持续地发展，就必须形成自身特有的竞争优势（即核心竞争力）。为此，高校学生组织必须根据现有的资源条件，进行有效的资源配置，强化特色意识，培养其核心竞争力以提高组织自身的竞争力，从而保持长久、旺盛的生命力。

第四，创新性特征。创新是组织发展的不竭动力，也是组织发展的源泉，故步自封只能导致组织的凋零与灭亡。高校学生组织战略规划要求高校学生组织一定要有战略眼光，

不断创新，以求得组织的发展。由于环境的不确定性、复杂性和动态性，高校学生组织必须能创新，以实现与环境的匹配，从而获得自身的发展。

第五，指导性特征。高校学生组织战略规划描述并规定了高校学生组织在一定时期内基本的战略目标以及实现这一目标的基本途径，它指导和激励全体组织成员为之努力奋斗。高校学生组织发展战略规定了组织发展的方向，高校学生组织的每一项具体计划与行动都是为了实现其战略目标。高校学生组织的战略是一个纲领性文件，在一定时期内具有相对的稳定性，组织上下都必须为完成这一战略任务而共同努力。

总而言之，高校学生组织战略规划旨在通过确立高校学生组织的发展目标，界定特定的高校学生组织的优势与弱势、机会与挑战，通过突出高校学生组织自身的特色，形成核心竞争力，从而实现高校学生组织的目标，真正实现促进高校教育教学工作顺利开展，起到联系高校与学生之间的纽带作用，提高高校学生组织的自我教育、自我管理、自我服务、自我发展的水平。

2. 高校学生组织战略规划的作用

高校学生组织是高校学生管理工作的重要载体，是联系学校与广大学生的桥梁和纽带。高校学生组织是大学生自我肯定、自我发展、自我实现的独特舞台，是高校文化活动的重要平台，是高校发现人才、培养人才、锻炼人才的有力工具，同时也是凝聚高校学生的向心力、增强爱校情结的有效途径。要充分发挥高校学生组织的功能，就需要在高校学生组织的管理工作中运用战略规划这一科学管理方法与技术，使高校学生组织站在战略的高度及其层面上，主动地塑造自己的未来，而不是被动地对随时变化的环境做出反应。高校学生组织战略规划的最主要作用就是通过运用全面、系统、富有逻辑性和理性的战略选择方法制定更好的高校学生组织的发展战略，以实现组织的宗旨与使命。沟通交流在高校学生组织战略规划中起着举足轻重的作用，通过高校学生组织中的成员参与决策，使组织中的每个人都正确理解组织战略，以增强组织中每个成员的责任感和归属感。良好的交流沟通是高校学生组织的黏合剂，它将组织的各个个体紧紧地黏合在一起，使之共同为所在组织的发展而不懈努力。另外，通过高校学生组织的管理者和成员参与战略的制定，使广大学生感受到组织战略的魅力，不断地激励提升自己的素养。在此过程中，每位同学都使自身的能力得到锻炼，从而带动整个学生组织的素质的提升。具体而言，高校学生组织战略规划有如下的作用：

第一，高校学生组织战略规划可以帮助高校学生组织制定最佳的战略。在高校学生组织的战略选择过程（也就是评估备选的战略方案，再从中选择一个最佳方案的过程）中，使用了更为系统、富有逻辑、有理论依据的方法，以使高校学生组织发展扬长避短、趋利避害，帮助高校学生组织制定出最佳的战略。

第二，高校学生组织战略规划可以帮助高校学生组织明确责任、激励人才。明确高校学生组织与部门之间、部门与个人之间的责任，在遵循组织层级的基础之上合理授权，激发高校学生组织成员的工作热情，使其更好地为同学服务。授权有利于决策的科学化，又能在高校学生组织内部更好地实现分工与协作，从而使其相应的职责更加明确化。与此同时，授权有利于组织成员的积极性与创造性的激发，有利于培养组织的管理人才。

第三，高校学生组织战略规划可以帮助高校学生组织识别、重视和利用机会。我国目前正处在社会的重大变革时期，这就要求高校及其高校学生组织紧随时代步伐进行改革与创新。

第四，高校学生组织战略规划可以将高校学生组织的不利条件和变化的影响降到最低程度。在高校学生组织战略的制定过程中，要对特定的高校学生组织所处的环境做系统、全面分析，因此制定的战略一定是理论上的最佳战略，也就是能充分发挥某个特定高校学生组织的优势、能最大限度地利用环境中的机会，而将其劣势和面临的威胁降至最低的战略。

第五，高校学生组织战略规划有利于构建高校学生组织内部有效的沟通体系。高校学生组织战略制定的过程并不是一个人的拍板决策，而是一个集体参与、集体决策的过程。即使是最后的决策由个人做出，环境的分析也是一个集体的行为。另外，对高校学生组织特定战略实施而言，注重的是整个组织的运作，这就要求高校学生组织的各个部门之间、各个小组间进行横向、纵向的沟通与协调，加快信息的流通速度，以使高校学生组织有更强的环境应对能力。

第六，高校学生组织战略规划可以将单个高校学生组织成员的独立行动整合为整个组织的努力。特定的高校学生组织战略规划围绕着特定的高校学生组织战略目标，在统一的战略思想的指导下，对某个高校学生组织的各种资源进行整合，把组织中的独立行动整合、凝聚为整个高校学生组织的行为，发挥出 1+1>2 的功效。

第七，高校学生组织战略规划可以使高校学生组织的重大决策，更好地支持已建立的高校学生组织的战略目标。除了在环境发生巨大变化的情况下，高校学生组织的活动都应以战略目标为中心，通过适当授权，使高层管理者花更少的时间和精力来纠正错误，而有更多时间和精力来做出重要决策，从而更好地支持高校学生组织的战略目标。

（二）高校学生组织战略目标

高校学生组织的战略目标是高校学生组织在一个较长时期内全局性的发展奋斗目标，

是整个战略的核心。高校学生组织的战略目标是特定学生组织的战略性定位、使命与宗旨、愿景陈述（共同愿景）的展开及具体化，是高校学生组织宗旨中确认的组织活动目的、社会使命的进一步阐明和界定，也是高校学生组织进行特定的战略管理所要达到的水平的具体规定，对组织战略制定和实施起直接的指导作用，是最终评价战略规划整个过程是否成功的标准。高校学生组织战略目标要有具体时间、确定的内涵、清晰的表述、可计量的成果、明确的责任。每一个战略目标都应包含三个基本要素：明确的主题、预期的效果、完成的时间。只有具备这三个要素，才能说是清晰的战略目标。逐一实现高校学生组织的战略目标是整个高校学生组织战略规划成功的保障。

1. 高校学生组织战略目标的类型

（1）人才吸纳培育战略。高校学生组织的学生干部应该是全校学生中的精英和骨干，是各方面工作的人才。高校学生自愿加入高校学生组织有很多的内在动机与原因，但多数人都是抱着服务同学、完善自我的动机而加入高校学生组织的。高校学生组织应树立人才吸纳培育战略，着眼于提高组织成员的各种素质（尤其是组织成员所缺少和较薄弱的能力），以吸引更多优秀人才，为高校的教学教育服务，为广大同学的成长、成才服务，从而提高高校学生组织的竞争力，培养更多适应未来社会的精英人才。

（2）组织工作格局战略。组织的工作格局是指一个组织所开展工作的范围和内容。高校学生组织的工作格局就是一个学生组织在何种范围内开展哪些工作项目的总和。高校学生组织的工作格局是由高校学生组织的性质和职能决定的，是学生组织在长期的发展过程中逐渐形成的工作传统和项目设置，是规定学生组织建设和发展的总体框架。高校学生组织要树立组织工作格局战略，明确自身组织发展的边界，形成与其他学生组织差异化、优质化发展的局面，并形成传统、坚持创新。

（3）管理能力建设战略。高校学生组织是一种特殊的学生服务组织和人才培养组织，既是服务型的学生性群众组织，又是培养学生干部领导能力、组织能力和管理能力等综合素质的人才培育组织，同时，高校学生组织实际上还承担着一些协助学校有关部门开展管理的职能，这些都要求高校学生组织应树立管理能力建设战略，提高组织成员的管理能力，综合应用计划、组织、领导、协调、监督、创新等管理手段来促使组织的各种资源得到最优配置，从而实现组织的目标。

（4）组织形象建设战略。组织形象是组织的内在气质的外在表现，我们从组织的形象能看出一个组织的总体素质、核心价值观。学生组织形象是展示学生组织的精神内涵和工作面貌的形象象征，包括学生组织的理念识别、行为识别与视觉识别。高校学生组织要树立组织形象建设战略，提升组织的素质修养，从而把高校学生组织的整体形象提升到更高层次。在建设高校学生组织形象时，还可以采用树立学生组织品牌活动的策略，通过品牌活动的开展，给学校、同学、所在社区、地区组织留下深刻影响。

（5）组织文化塑造战略。文化是组织的精髓，组织的文化氛围潜移默化地影响着组织成员的行为态度和工作方式，也影响组织成员的工作效率和工作结果。组织文化是一个组织的精神内涵和价值取向，是凝聚一个组织长远发展的软实力，表现为组织成员的思维模式、精神风貌和行为习惯。因此，高校学生组织应树立组织文化塑造战略，努力营造一个良好的组织文化氛围，使学生组织成员形成良好的价值观念，形成学生组织强大的凝聚力量。

（6）公共关系塑造战略。高校学生组织不是孤立的存在体，它与社会发生着紧密的联系，上涉及学校有关部处、下广泛联系高校学生，并与学生的诸多利益密切相关，各个学生组织之间也发生这样或那样的联系。高校学生组织想要得到更好更快的发展就要树立公共关系塑造战略，建立组织良好的公共关系，进一步拓宽公共关系渠道，充分利用各种公共关系资源，从而为学生组织的建设和发展服务。

（7）学习型组织战略。学习型组织是一个不断创新，不断再造的组织。学习型组织的核心内容包含共同愿景、团体学习、系统思考、改善心智模式、自我超越五项修炼。高校学生组织树立学习型组织战略，一要营造一种自觉自愿、浓郁开放、经常互动的学习氛围，在这种氛围中，每个成员都能主动学习与学生工作相关的知识，相互学习彼此之间的长处和优点，有强烈的自我完善的欲望和意识；二要通过经常性学习和知识更新，激发学生组织每个成员的创造性思维，提升分析问题、解决问题的能力；三要通过学习和创造，打造一种与传统组织迥然不同、充满活力和自我成长氛围的新型学生组织，从而实现学生组织的变革和发展。

（8）服务型组织战略。为广大同学的成长、成才服务是高校学生组织存在和发展的出发点和落脚点，也是高校学生组织价值的基本内涵之一。高校学生组织要树立服务型组织战略，充分发挥好联系高校与同学的桥梁与纽带作用，坚持贴近学生、贴近生活、贴近实际的"三贴近"原则，要从广大同学的实际需要和切身利益出发，制定组织的战略，规划组织的工作，设计组织的活动。

（9）持续性发展战略。高校学生组织战略规划的根本目的就是在于求得组织的可持续发展。持续性发展战略要求我们用联系、发展的眼光看问题，而不能用静止的形而上学的观点来对待高校学生组织的工作。高校学生组织树立持续性发展战略，就要增强工作的可延续性、创造性，要注重学生组织的规章制度建设，不断发展和完善学生组织的制度文化体系；要注重学生组织的档案保存与管理，为每一届学生组织工作的开展提供经验参考体系；要注重学生组织干部的可持续发展，建立以感情留人、以事业留人、以公平竞争为前提的职务晋升留人、以业绩实效为基础的物质精神奖励留人的干部选聘激励机制；要注重组织文化的传承性，努力创建以人为本、平等关爱、团结友善、协作沟通、和谐发展的组织文化体系。

（10）创新性发展战略。高校学生在学生组织工作中，会由于环境的变化与复杂而碰到以前的工作和学习中所没有遇到的难题，这就要求学生组织成员学会运用创新精神来解决问题，运用以前所没有用过的思维方法来解决难题，从而提高工作效率。培育高校学生组织核心竞争能力的关键在于创新。高校学生组织应树立创新性发展战略，促使组织成员在工作中勤于思维、乐于思考；要求学生组织在工作中，敢于否定陈腐的方法，打破传统的限制，求新立异，不断开拓新的工作格局。

2. 高校学生组织战略目标的特征

高校学生组织战略目标与其他目标相比具有以下特征：

（1）全局性特征。高校学生组织战略目标是一种宏观目标，它是对高校学生组织全局的一种整体理想和设想。

（2）长期性特征。高校学生组织战略目标是一种长期目标，它是对组织未来发展状况的设想，要经过组织成员坚持不懈地努力才能够实现。

（3）激励性特征。高校学生组织战略目标的设置应体现"跳一跳够得着"的原则，目标既不能太高，又不能太低，目标本身要能对高校学生组织的成员起到激励作用。

（4）可接受性特征。战略的实施和评价要通过高校学生组织内部成员来进行，因此，战略目标的设定必须考虑高校学生组织成员的接受度。高校学生组织战略目标必须表述清楚、无歧义，从而易于被人理解和接受。

（5）可分解性特征。高校学生组织战略目标是对高校学生组织发展的总要求的具体化，应能继续分解成某些具体目标、具体任务。只有把高校学生组织战略目标进行分解，才能使其具备可操作性，才能实现高校学生组织的宗旨与使命。

（6）可考核性特征。高校学生组织的目标应该是能被考核的，只有通过考核，才能检验高校学生组织战略规划的成败。

（7）相对稳定性特征。高校学生组织的战略目标必须具有相对的稳定性，以统一高校学生组织成员的行动朝着组织目标而不断努力。战略目标可以在实施的过程中被修改和完善，但要坚决反对对战略目标进行经常性的、较大幅度的改变。

3. 高校学生组织战略目标的层次

高校学生组织的层级性决定了高校学生组织战略目标的层次性，不同层级的学生组织应该有不同的战略目标。具体而言，高校党委学生工作部门、团委等部门应该制定一份本校学生组织建设和发展的整体性战略目标；校级学生会、研究生会、学生社团组织、青年志愿者协会等校级学生组织都应根据本校学生组织总体战略目标分别制定各自的战略发展目标；院系对应的学生组织应以上述两个战略目标为依据设定适合自己的战略发展目标；学生党支部、团支部、班级等基层组织也应该根据学校人才培养的目标和不同学生基层组织的性质，制定适合本组织发展的战略目标。

高校学生组织总体战略发展目标是高校学生组织的整体性、综合性战略规划的核心，它是高校学生组织发展战略的制定者在充分考虑和整合高校学生组织外部环境优势条件和组织自身资源能力的基础上，确定高校学生组织的战略定位、宗旨、愿景、战略管理的目标等问题。高校校级学生组织战略目标、院系级学生组织战略目标和学生党支部、团支部、班级等基层组织战略目标都是在总体发展战略下设立的分战略发展目标。分战略发展目标是总体性战略目标在各级学生组织中明确化的结果，为总体战略目标服务。总体战略目标指导和规定着下设的战略目标，同时总体战略目标又要以下设的战略目标为基础。总体战略目标与下设战略目标是统一的、紧密联系的、相互支持的有机系统。

二、高校学生组织的目标管理

高校学生组织目标管理是目标管理理论在高校学生组织管理中的实践，其基本程序与其他领域目标管理相类似。高校学生组织目标管理是指高校学生组织管理者引导组织全体成员共同确定各个层次的组织目标及其体系，以此目标体系为引导，明确责任，发挥组织成员的主动性和能动性，为实现预期目标而采取行动，并检查和评估目标完成状况的动态管理活动。

高校学生组织目标管理是一种主动的管理方式，属于系统管理方法的范畴，围绕业已确定的目标开展一系列的管理活动，它要求高校学生工作部门引导高校各级各类学生组织共同确定全校学生组织工作总目标及体系，并以这个总目标为指针，确定各单位的分目标。学校各级各类学生组织在获得必备资源、授权以及对应职责的前提下，积极主动开展自我控制、自我管理，为承诺的目标而自觉奋斗，从而使学生工作的总目标得以实现。高校学生组织实行目标管理，实质上是引入一种主动管理机制，是高校学生组织管理改革的必然选择，其目的是挖掘和开发组织成员的潜能，从而提高学生组织的管理质量、服务水平和办事效率。目标管理将高校学生组织工作任务具体化为任务指标，规定相应的标准并配以奖惩细则，以此来激励学生组织成员围绕高校学生组织发展总目标而积极工作。

高校学生组织目标管理是一种管理发展，是高校学生组织管理者为了实现高校学生组织管理总目标，经过反复实践、不断总结形成趋于科学的目标体系，从而客观确定学生组织各个层面、各类人员的权责范围，订立相应的成果评价标准，充分调动和发挥他们的主观能动性和创造精神，并对目标实现过程实行督导和控制。高校学生组织目标管理以设立目标为手段，充分体现竞争性和激励性，体现团结协作精神，是上下级人员的共同合作。高校学生组织目标管理具有可操作性强、可执行性强，有明确任务期限、评价标准及考核办法等特征。在高校学生组织管理中广泛推进目标管理，具有十分重要的意义。

第一，高校学生组织目标管理具有行为导向作用。高校学生组织目标以未来社会对学生的需要为出发点，把高校学生组织总目标作为学生组织成员的日常行为方向。激发学生干部的工作积极性，通过适当鼓励与引导，使学生干部主动投入学生组织的管理中来，将个人目标与组织目标协调一致起来。

第二，高校学生组织目标管理具有统一行动作用。高校学生组织系统总目标明确以后，各子系统围绕这一目标，采取统一行动，并根据分解后各自目标，采取相应的策略和方案。没有共同目标的制约，会出现更多的障碍，甚至管理混乱，确立共同的目标，各组织之间就可以形成一种协调配合的局面。没有分解目标，就没有总目标的实现基础。目标管理是一种综合计划和全面考核管理，能发挥每个人的作用，提高组织的整体战斗力。高校学生组织管理是围绕服务高校教育教学、服务高校广大学生的总目标，根据学校和学生的实际需要来确立的。就高校学生组织工作而言，高校学生组织管理的总目标就是一个综合计划目标，其他任何目标都必须用这个总目标来衡量，这就要求下级制定的目标必须保证实现上级的目标，这样就把每个层级、每个成员的力量集中到完成总目标上来，使总目标的顺利完成有了可靠保证。同时，目标管理又是一种全面考核的管理，它要求管理目标必须全面保质保量地完成，因而，对发挥每个人的作用，提高组织的整体战斗力具有促进作用。

第五节　高校学生组织的多元化管理工作

一、高校学生会组织管理

高校学生会，从广义上讲是指由全体学生组成的学生群众性组织。高校学生会是指由学生会主席团及其职能部门构成的教育、管理、服务性学生组织。高校学生会的领导机构一般由民主选举产生，在学校学生工作部门或团委的指导下开展工作。高校学生会是广大学生的代表机构,是学校、院系了解学生学习和生活的得力助手,是老师与学生之间进行沟通的桥梁和纽带,它以大学生的自我教育、自我管理和自我服务为核心,参与学校及院系的管理工作,维护学生的合法权益。

(一)高校学生会组织管理的主要方法

第一,高校学生会的管理是在指导老师的指导下进行的自我管理。学生会自身的组织特点决定了其管理以自我管理为主。学生会的自我管理包括两个层面的含义:一是学生会通过选拔学生会干部,对其日常事务和各项活动的开展进行管理;二是组织内部成员应该根据自身所担任的职务,认真履行职责。学校管理者只充当引导者、协调者的角色,让学生会尽快进入自我管理的状态,自己制定相关的管理体制和运行机制,保证工作的顺利开展。

第二,高校学生会在管理中一般采取部长负责制和项目负责制相结合的运行机制。部长负责制就是学生会各部门的主要负责人对本部门的工作负有主要的责任,在工作中出现问题、造成损失时第一时间承担责任,并及时加以解决。项目负责制是指把学生会开展的每一个工作或活动看作一个项目,通过建立项目组推进工作任务或活动的开展。特别是针对一些大型的活动,一个部门的力量往往难以独立完成,而必须由多个部门共同承担各项任务,予以配合完成,这些大型活动就适合采取项目组和项目管理方式来推进完成。当然,实行项目负责制,也要确定主办者和主要负责人,负责统一领导,以便提高工作效率和活动质量。

第三,高校学生会管理的关键是学生干部队伍的建设。高校学生会实行的是以自我管理为主的管理方式,学生干部的素质、能力将直接影响整个学生会的运转和工作质量。学生会干部是学生基层组织各项活动的组织者和领导者,必须具备较高的政治觉悟和思想品质,通过定期的集体培训使他们树立正确的世界观、人生观和价值观,并对学生会工作有清晰的认识和端正的态度,做到工作方法要得体、工作方式要灵活、工作过程要协作、工作效率要提高。

(二)高校学生会组织管理的注意事项

目前高校学生会管理存在的问题主要有:学生干部的选拔机制和淘汰机制不健全,缺乏完整的运行体系;部分岗位职责不明确,任务分配不均衡;绩效考核评价体系不健全,缺乏相应的激励措施;对学生干部的培养缺乏足够的重视,在学生干部的管理中,更多的是进行干部的选拔和使用,而忽视了其中最为重要的环节,即学生干部的培养;一些高校学生会的组织结构还不合理，成员对组织决策的执行力不强，有的学生会组织注重垂直型领导而忽略了成员间的沟通协调，而有的学生会组织重视横向管理而使组织的执行力度不够。对于当前高校学生会管理存在的问题，本书提出以下改进的建议：

第一，重视构建合理的学生会干部选拔机制，做好学生会干部选拔工作。学生会干部的选拔是学生干部队伍建设的首要环节，在选拔时应坚持选贤任能的原则，根据德才兼备的标准，力争选拔出政治素质高、心理素质好、群众基础好、责任心强、组织管理能力过硬的学生到学生干部队伍中来。在选拔方式上，首先面向全体学生，采用自荐和组织推荐的方式进行报名，让每一个符合基本条件的学生都有机会接受岗位的锻炼；其次采取面试、笔试、组织考察等多种形式相结合的方法来确定候选人。

第二，重视构建科学的学生会干部培训机制，加强学生会干部培训工作。对于学生干部的管理，不是选拔出优秀人才来担任一定学生干部职务就一劳永逸了，学生干部还需要多渠道、多层次、持续不断地培养，学生会干部的培训内容应涉及方方面面，坚持思想教育和业务培训并重，加强对学生干部进行理论教育和业务培训。通过思想教育加强学生干部的理论素养，提高学生干部的思想政治素质，帮助他们树立正确的世界观、人生观和价值观，培养他们的敬业精神和服务意识。通过业务培训传授给他们工作的技巧和方法，培养他们分析问题和解决问题的基本能力。学生会干部的培训方式可以把集中培训和日常教育相结合，通过集中培训可以解决学生干部普遍存在的共性问题，可以培养学生干部的基本素质、基本能力、基本意识和基本工作态度。还可以经常性开展学生干部的交流活动，使他们之间相互了解、相互学习、相互促进，不断改进工作方法，提高工作效率和工作能力。

第三，进一步完善学生会干部考核体系，建立健全相应的干部激励机制。考核不仅是对前期工作的测量，同时对后期工作有一定的指导作用。客观公正的考核体制是奖惩的主要依据，在此基础上，再适时适度、因人而异、因事而异地使用有效的激励措施，立足于学生会干部的内在需要和动机，进行有针对性的内在激励，并让所有的外在激励转化为学生会干部自身的内在激励，建立学生会干部积极参与学生会工作的长效机制，促进学生会干部的自主性、能动性和创造性。还可以建立干部工作档案，对其工作作风、责任意识、专业学习、协作意识等方面进行考核，及时反馈，为干部奖惩和使用提供依据，从而形成"能上能下、能进能出"的学生干部动态管理机制，实现学生干部队伍结构的不断优化。

第四，进一步完善学生会组织架构，提高组织成员的执行力度。要根据不同时期的工作需要，增设或裁撤学生会的工作部门，形成更加科学的组织架构。减少工作中出现的多头领导和互相推诿的现象，使组织成员明确自己的任务和承担的相应责任，在确保各个部门成员保质保量完成工作的基础上，提高一个部门的工作效率，进而提高整个学生会的工作效率，更好地为广大同学服务。

二、高校学生社团组织管理

我国高校学生社团出现在 20 世纪 90 年代，随着我国大学的扩招，大学生基于某种兴趣或爱好自发组织学生团体。"我国高校的学生社团组织是学生自发组成的群众性团体，是高校群团组织体系的一部分。高校学生社团组织发展和治理既是学校的重要工作，又是开展思想政治教育的重要载体。"[1] 我国高校学生社团是以开展有益于学生身心健康的活动为主线，打破年级、系科甚至学校的界限，以科技、文化、艺术、体育、公益事业等方面的志趣爱好为基础并团结兴趣爱好相近的同学的学生组织，是高等学校"学生自愿组成的群众组织"。学生社团的存在必须依照法律和校规校纪，遵循一定的宗旨和原则，按照一定的章程自愿结成，并且具有相对固定的成员和特定的活动范围。

（一）高校学生社团组织的管理方法

1. 学生社团的设立

为了推动高校学生社团组织的建设和发展，必须做好学生社团发展的最初阶段工作，即社团的设立工作。高校学生社团的成立应该满足以下两点要求：

（1）发起人要求：①有一定数量的发起人。社团发起人应是社团所在学校的全日制的本科生、研究生，且发起人数目不得少于 10 人，但同时社团发起人数目也不宜过多，一般不多于 30 人。②社团发起人要具备较强的综合素质。社团发起人应满足一定的学业成绩要求，成绩在其所在专业应不低于前 30%，以保障发起人不会因参与社团管理而影响学业；社团发起人要具备一定的组织能力、协调能力、沟通能力等基本能力，对于一些对发起人有特殊要求的专业性较强的学生社团，应同时要求社团发起人具备一定的专业素养。③社团发起人应了解所在学校社团管理的相关政策。社团发起人应深入学习，了解所在学校学生社团管理的相关文件和制度。同时也应该了解所在学校对学生组织管理的相关文件和要求等。

（2）规章制度要求：①有规范的社团章程。学生社团主管部门应对申请成立的学生社团进行规章制度的审查，审查内容包括学生社团是否对其性质、活动范围、会员权利义务、经费来源、机构设置等做出明确说明，同时社团章程应对社团如何启动社团解散、社

---

[1] 张东方. 组织文化在高校学生社团建设中的作用研究 [J]. 领导科学论坛, 2021 (11): 147.

团更名等程序问题做出解释。②有明确的自我管理制度。学生社团应具备明确的会员大会制度、财务管理制度、财产管理制度、例会制度、人事选拔制度等制度。

2. 校、院两级学生社团的管理

在我国，虽然各高校学生社团发展比较晚，但各高校在学生社团的管理过程中也逐步积累了丰富的经验，并形成了各自的学生社团管理办法。校、院两级的学生社团管理体系是指学校社团主管部门（高校团委）和各学院团委联合管理学生社团的体系。校、院两级社团管理体系就是将高校学生社团根据一定的标准（社团规模、活动质量、影响力等）进行划分，部分学生社团由高校社团主管部门直接管理，此类社团即为校级平台学生社团，简称校级社团；部分学生社团由学院团委直接管理，此类社团即为院级平台学生社团，简称院级社团。校、院两级学生社团管理体系优势在于以下方面：

（1）减轻高校学生社团管理压力。由于学生社团大多规模较大，成员较多，活动也相对较多，单纯的学校直接管理很难保证对每个学生社团的有效指导，在校、院两级的管理体系中，学院可以为高校社团主管部门分担一定的管理压力。

（2）有效利用学校资源。目前在我国多数高校中，对社团活动的投入还相对有限，由于社团数量多，发展迅速，高校资源的更新速度往往跟不上学生社团的发展速度，这导致了很多社团由于缺乏活动资源无法正常开展活动。校、院两级学生社团管理体系将部分社团交由学院管理，由学院直接提供资金、场地等资源以保证学生社团的发展，而学校社团主管部门只须为校级学生社团提供活动资源，而无须担心院级学生社团的活动资源，对学校有限的教育资源进行了集中的优化分配。

（3）促进学生社团良性发展。校、院两级学生社团管理体系中，校级学生社团由于是受学校社团管理部门直接管理，并由学校提供相应的活动资源，其在活动规模、影响力、学校的扶持力度等方面都将优于院级学生社团，但是校级学生社团一旦出现活动质量差、会员参与度低等一系列问题时，学校可以将校级学生社团降为院级学生社团，而院级学生社团也可以通过其优异的表现升为校级学生社团，从而促进学校内学生社团发展的良性循环。

（二）高校学生社团组织的管理模式

高校学生社团组织的管理模式主要是学生社团联合会，学生社团联合会是在高校领导下，团委直接指导开展工作的社团管理类的学生组织。由于高校团委人力有限，一般高校社团管理由一名团委老师直接负责，而具体的社团管理事务则是由学生社团联合会完成。

学生社团联合会是在高校学生社团蓬勃发展的背景下产生的，学生社团联合会的基础就是广大的学生社团。因此,学生社团联合会的宗旨就是扶持学生社团活动,规范学生社团行为,管理学生社团运行,引导学生社团健康发展。

1. 学生社团联合会管理模式的构成

在校、院两级学生社团管理的体系下,学生社团联合会的机构应包含两个部分:①校级学生社团联合会,简称校社团联。校级学生社团联合会作为学校学生社团管理的直接执行机构,应对学生社团的成立、活动审批等一系列问题进行干预。②院级学生社团联合会,简称院社团联。院级学生社团联合会是校级学生社团联合会在学院设置的社团管理机构,校社团联与院社团联属于业务指导和被指导关系。学院学生社团联合会职能是协助各学院团委和校级学生社团联合会负责学院社团工作的具体管理。

2. 学生社团联合会管理模式的设置

为充分发挥学生社团联合会指导、引导、扶持、规范、管理的作用,学生社团联合会必须设置必要的职能机构。一般而言,高校社团联合会机构设置主要包括以下方面:

(1) 办公室。办公室具体负责学生社团成立资格的初步审核、学生社团资料备案、社团工作相关文件的上传下达以及社团工作各种会议的议程制定以及记录。

(2) 宣传部。宣传部负责学生社团以及学生社团联合会日常活动的宣传工作,制作学生社团工作简报,编辑、出版学生社团工作的相关报纸、期刊,发布学生社团活动新闻,制作和维护学生社团联合会网站等工作。

(3) 活动部。活动部负责学生社团活动的审批、登记以及监督工作。各学生社团(校级学生社团)活动在活动筹备初期,须到活动部进行审批、登记,登记内容包括活动的时间、地点、参与人数、所需宣传材料、是否使用教室等,活动审批通过后社团正式开始筹备。活动部需要派活动监察员于活动当天前往活动场地进行活动监察并将监察结果返回活动部登记,以备日后审查。

(4) 权益部。权益部主要任务是维护学生社团以及学生社团会员的权益,特别是保障学生社团会员的权益在其加入学生社团期间不受侵害。权益部可以在校内设立维权投诉点、在社团联合会网站公布投诉邮箱,保证投诉渠道畅通,同时权益部应具有完备的投诉处理程序,保证投诉处理的时效性。

(5) 财务部。财务部主要负责监督管理社团财务工作,它通过定期的和不定期的社团财务审查,动态地监督学生社团财务状况,并定期将校内各学生社团(校级学生社团)的财务报表进行公布,接受校内同学的监督。社团一经发现出现财务问题,将做责令解散处理。

（6）人力资源部。人力资源部负责社团干部的培训、考核以及社团活动的通知。为社团干部针对性地准备一些活动组织、活动策划、规章制度等方面的培训。同时对社团干部进行考核，尤其是对社团联自身干部队伍的考核。此外人力资源部还负责社团干部各种奖项的评比工作。

（7）院系学生社团联合会。院系学生联合会负责院系学生社团的管理，并将学系学生社团工作的情况及时上报给学校。院系学生社团联合会机构一般比较简单，可以根据日常工作的需要设立相应的职能部门。

第三章　高校学生管理工作——队伍建设

第一节　高校学生管理工作者的素质

高校能否把学生培养成为充满朝气的，有开拓和创新精神，德智体美劳全面发展的优秀人才，在很大程度上取决于各级学生管理干部的素质。高校需要那些能够遵循教育规律，熟悉大学的教育、教学活动和学生思想状况，具有一定教师素养，掌握一定的专业知识、管理知识、教育管理知识，作风正派，处事公正民主，事业心和责任感强，大公无私，富有创造精神、科学精神和自我牺牲精神的德才兼备的管理工作者来进行管理。因此，高校"必须大力加强学生管理队伍的素质培养，努力建设一支思想过硬、作风扎实的科学化、高效率的学生管理队伍"[①]。

一、高校学生管理工作者素质修养的重要性

随着社会政治经济环境的不断变化，不仅引起了人们经济生活的重大变化，而且也引起人们生活方式、思维方式和精神状态的重大变化。这些变化促使高校学生管理系统中两个活跃因素——管理干部和青年学生空前地活跃起来，形成了管理活动中最有生机而又不甚稳定的因素。随着现代科学技术文化的迅速发展，如网络等社会传播媒介的作用不断加强，高校学生管理活动也将受到越来越大的影响。在这种形势面前，若只用传统的管理思想、管理方法、管理手段去进行经验管理，势必会遇到不可克服的矛盾，因此，高校学生管理工作者必须加强素质修养，完善自己的知识结构，更新工作理念，改进工作方法，以提高管理效果。

首先，高校学生管理工作是培育人的工作，必然要求管理工作者具有较高的素质修养。高校要为社会建设培养大量德智体美劳全面发展的人才，毕业生将成为社会建设各条

[①] 李玲. 高校学生管理工作创新研究 [M] 长春：吉林人民出版社，2019：37.

战线上的骨干力量，他们的政治思想素质、精神状态将决定国家和民族的未来。高校学生管理工作者和教学工作者一样都肩负着重要的使命，广大管理工作者必须善于研究学生思想和行为的活动规律，既要善于掌握学生共有的思想活动规律，又要了解不同学生不同的思想活动规律；既要了解学生共有的心理活动，又必须了解不同学生千变万化的心理活动，并根据学生思想和心理活动的共性和特性，有的放矢地开展管理、教育工作。

  高校学生管理工作比一般管理工作复杂得多，也困难得多，它必然要求学生管理干部有较高层次的素质修养。如果他们的水平跟不上实际需要，他们在学生中的威信就不会高，工作也将难以开展。任何管理工作都需要特殊本领，要管理就要内行，就要有一定的科学修养。一个好的业务教师不一定是个好的管理干部，而一个好的管理干部必须是一个好的教师。因此，管理工作者一方面要进一步提高对管理工作的认识，下决心选拔品学兼优的毕业生和业务教师来充实管理队伍；另一方面要加强素质修养，努力学习掌握自己所从事工作必需的科学知识和业务知识，并逐步精通、掌握其客观规律，成为学生管理工作的专家。

  其次，学生管理是个"言传""身带"的过程，必然要求管理工作者全面加强素质修养。在学生管理工作中，"言传"是很重要的，如果没有基本理论、教育方针以及有关管理制度、规定的宣传教育，就不可能有学生的自觉的规范行为。但是，高校学生管理系统作为"人—人"管理系统，与"人—机"系统的根本区别在于，它的工作对象是一个个有思想、有个性的朝气蓬勃的青年人，青年人的特点是都愿意获得教益，"身教"重于"言教"。如果没有管理工作者的率先垂范、身体力行，"言教"就成为"说教"，就不可能有多大的效果。因此，学生管理工作者不仅要具有较高的思想理论素养，而且还要有良好的作风和品德修养，在这些综合素养基础上形成自己的人格魅力，来吸引学生、教育学生，真正使自己既是教育者又是实践者，从而达到良好的管理效果。由此可见，一个十分注意自己的思想意识和道德品质修养，注意理论学习和吸收新的知识，不断地改造自我主观世界，不断完善自我知识结构，不断改善管理工作方法的人，必然是一个深受广大学生欢迎的、卓有成效的管理工作者。

  最后，新形势、新环境下的学生管理工作，必然要求管理工作者的素质修养具有时代精神。在改革的时代，许多新的管理内容、管理形式和管理方法，在还没完全学会的时候，实际生活又为我们提出了许许多多新的理论、新的问题需要去探索。管理者的管理对象也在发生变化，现代的大学生较以前的学生而言，他们的政治素质、文化水平、专业知识正在不断地变化和提高，他们对社会生活的介入越来越深，他们的思想、观点及成果同社会进步有着紧密的联系。因此，这种情况给高校学生管理工作带来了一定的难度，需要他们进一步加强管理的预见性、警觉性、原则性、示范性，需要更新观念，跟上时代，增加知识，提高本领。

高校学生管理工作要联系实际，要渗透到专业教学中去，使行为规范化成为学生的自觉行为，要和思想教育紧密结合，要努力创造一个和谐、健康、向上的育人环境，要有处理突发事件的能力等，所有这些，都使高校学生管理工作具有很大的开拓性。这对高校学生管理工作者的素质修养提出了更高的要求。提高素质修养是永无止境的，高校学生管理工作者要以一个日益发展的现代世界为坐标来看待人们素质修养的提高，要及时调整工作姿态和知识结构，及时而科学地吸收人类创造的精神文明，使自己具备自我调节、变革自身的能力，不断地进行素质结构的新陈代谢，具有强烈的时代精神，在提高学生的思想、政治、文化素质方面积极地发挥应有的潜能作用。

二、高校学生管理工作者应具备的基本素质

（一）思想政治素质

思想政治素质是高校学生管理工作者应该具备的最基本的素质，具体包括以下方面：

（1）立场问题。所谓立场就是一个人在观察和处理问题时所处的地位和所抱的态度。高校学生管理工作者所从事的工作是培养人才的工作，是一项政治性很强的工作。因此，学生管理工作者必须坚定地站在无产阶级立场上，忠诚教育事业，全心全意为人民服务，从而做好学生的教育和管理工作。

（2）思想观点。思想观点与立场是统一的，一定的立场决定一定的观点。只有确立坚定的立场，才能更好地去观察、研究和解决问题。这就要求其必须树立正确的思想观点，坚持全心全意为人民服务，以群众路线为基本观点，这是做好学生管理工作的可靠的思想前提。

（3）政治品质。政治品质的主要表现可以包括：在任何情况下，对人对事不带个人成见，不以个人好恶为转移，襟怀坦白，光明磊落。有没有高尚的政治品质对学生管理工作者而言不仅涉及个人的组织性修养，也直接关系到能否把广大学生的好思多学的积极性引导到正确的轨道。

（4）政策水平。政策水平主要指认识、理解、贯彻、执行国家政策的水平，就是能够按照教育政策结合学生实际情况正确区分和处理不同性质的矛盾，正确区分政治问题、思想意识问题、认识问题和一般学术问题的界限，有效地做好学生管理工作。

（二）知识与能力素质

1. 知识素质

高校学生管理工作既有理论性又有实践性，管理的对象又是具有较高文化素质和丰富知识的青年学生，因此，高校学生管理工作者在总体上必须有相当高的知识水平。具体而言，学生管理工作者的知识素质包括以下方面：

（1）学生管理方面的知识。要掌握一些管理的科学与艺术，掌握管理的技术和方法；要了解教育学、心理学、社会学等学科的知识，使自己具有决策、计划、组织、指挥等实际管理能力；强调管理方面的专业知识，就是要求"内行管理"。学生管理工作者应努力学习，提高自己管理专业知识方面的基本素质，提高自己的管理才能，逐渐使自己成为合格的管理者。

（2）尽可能了解与学生专业有关的基础知识，掌握教学规律。有条件的还可兼任一些教学工作，如"两课"的教学或专业课的教学，从而有利于学生管理与业务学习有机地结合起来，并建立威信。

（3）与学生兴趣、爱好有关的知识，如文学、史学、艺术、体育等学科知识。当代大学生喜欢从一些人物传记、格言和文学艺术作品中找到自己的影子和楷模，学生管理干部运用这些东西可帮助学生加深对问题的理解，也能与学生有更多的共同语言，使管理工作更有成效。

2. 能力素质

能力素质是运用各种知识，独立地从事管理工作，开拓前进，解决现实问题的本领。对高校学生管理工作者而言，他们的能力素质，最集中地体现在管理能力上。在复杂的环境下，这种管理能力在两方面表现得十分突出，具体如下：

（1）综合能力。管理工作者面对的是为数众多、情况各异的大学生。这些大学生由于家庭环境、个人阅历、政治面貌、品质性格、志趣爱好以及年龄上的差异，对社会、学校、家庭等各种事物的反应也就不同，从而构成了千差万别的思想，并在学习、生活等方面反映出来。

（2）分析研究能力，包括调查研究能力和理论研究能力。调查研究能力主要指深入学生之中，掌握第一手材料，经过分析和综合研究，全面掌握大学生情况的能力。理论研究能力主要是指结合实际工作独立进行分析研究，并使之上升到理论的能力。通过研究，找出管理工作的规律性东西，以推动学科的发展，指导管理工作。

（三）道德素质与性格修养

高校学生管理工作者具备高尚的道德素质和良好的性格修养，不仅对做好管理工作本身大有益处，而且能够对青年学生产生教育作用，且其意义更为重大。学生管理工作者必须能为人师表，要谦虚谨慎，勤勉好学，实事求是，作风正派，办事公正，吃苦在前，享受在后，待人热诚，举止文明，从他们的言行中，广大青年学生就能汲取良好道德品质的营养。高校学生理论水平较高、认识能力较强，他们对管理者的工作有相当的评价能力，从这种意义上说，学生管理工作者经常处于被彻底剖析、被严格监督的地位，经常会听到严肃的批评意见，有时也会产生歪曲的评价，因此，管理工作者只有胸怀坦荡、宽容虚心，经得起批评，才能增强管理工作能力。

三、高校学生管理工作者素质提高的路径

加强高校学生管理工作者的基本素质培养，不仅是个人修养问题，而且还直接关系到这支队伍的管理效果和威信。因此，提高学生管理工作者的素质修养，是高等学校的一项长期任务，也是加强学生管理工作的当务之急。要提高学生管理工作者的素质，使学生管理工作提高科学化水平，除了需要管理工作者本人勤于读书，勇于实践，善于总结，不断追求素质的自我完善外，更需要各学校从战略高度认清提高学生管理工作者素质修养的意义，积极探索能达到目的的有效途径。

（一）对学生管理工作者开展全员培训

学生管理工作涉及因素很多，是一个复杂的大系统，要完成这种具有强烈的科学性和探索性的学生管理任务，从总体上而言，学生管理工作者就不能仅仅具有文化知识和一般的管理经验，而且还应具有相当高的管理科学、教育科学以及有关学科的理论素养，具有一定的科学研究的实践锻炼，具有一定的调查研究、系统分析、理论研究的能力。要想提高高校学生管理工作者的素质，必须通过全员培训的途径，对在学校中从事学生管理工作的干部，不论何种学历、职务、年龄、职别，不论在何种岗位，都要无一例外地进行管理素质的培养、提高。首先，全员培训包括上岗前的基础培训，这是为取得学生管理岗位资格服务的；其次，经过一段管理实践之后进行人员的培训，以便从广度和深度两方面增加管理业务知识，进一步提高管理水平；最后，研讨性的培训，主要用以解决知识和理论的更新问题，通过研究讨论，促进学生管理工作者素质的提高。

（二）理论学习与研究实践相结合的方式

理论学习与研究实践相结合的方法，要求高校一方面提出学生管理工作中需要探索研究的课题，鼓励广大高校学生管理工作者踊跃选择课题，组织立项研究，并对立项研究的

课题提供必要的理论书籍、文献资料，为学习有关理论创造必要的条件；另一方面制定学生管理改革的研究立项和研究成果的评审、奖励制度，在评定优秀成果时，要审查其立论的理论依据以及理论飞跃的科学性，以此激发高校学生管理工作者有针对性地学习有关科学理论的积极性。另外，还可经常开展理论咨询、讨论等多种活动，组织学生管理工作者分析学生管理过程中出现的实际问题，总结实践经验，进行理性概括。这样，就有可能通过研究实际问题提高学生管理工作者的理论修养和各方面的素质水平。

（三）加强管理的考核，实施奖励策略

高校要对学生管理工作者定期考核其管理知识和相应的专业知识，考核其管理工作的技能和管理实践能力，形成其不断提高自身素质修养和管理水平的外在压力。对于一些在管理岗位上进行学生管理研究并取得成果，同时在管理实践中做出成绩的工作者，授予相应的技术职务。对干部晋升，不仅依据其已有的工作成绩，而且还要有高水平的综合素质修养要求，并以此来测定和推断其对新的重任所可能承担的最大系数。对在学生管理领域的研究工作中取得显著成绩和优秀成果的管理工作者，应与取得其他科研成果的工作者同等对待，给以相应的表彰和奖励。

第二节 高校学生管理工作信息员队伍建设

"信息员队伍是获得学生信息的重要渠道，可以与网络渠道互补。"[1] 高校学生管理工作信息员队伍建设中，需要加强学生、任课教师、家长三支信息员主体队伍的建设，完善学生信息收集渠道，以达到提高学生工作效率的目的。

一、强化学生信息员队伍建设

目前，大部分高校建立了学生信息员队伍，在信息收集方面取得了良好效果。但由于各校的实际情况不尽相同，学生信息员队伍的工作成效也有所差异，为了提高学生信息员队伍的工作效率，可以从以下方面来加强学生信息员队伍建设：

第一，注重学生信息员队伍的组建和培训，提高工作水平。一方面，学生信息员必须具有较高的政治觉悟、较强的责任心、细致的观察能力以及对学生反映出的信息去粗存

---

[1] 王历容，刘辉. 加强高校学生管理工作信息员队伍建设 [J]. 新校园（上旬），2017，(2)：133.

精、去伪存真的能力，要有较好的人际关系和奉献精神。因此，学生信息员一般从学生干部、寝室长中产生。另一方面，加强对学生信息员的上岗培训、职责培训、能力培训。主要围绕信息员职责、信息收集整理的有效方式、信息甄别技巧等方面开展。培训方式可以多种多样，如辅导员开展讲座，为信息员发放相关学习资料，请有经验的信息员介绍经验等。

第二，完善制度建设，加强学生信息员队伍的管理。高校的学生信息员队伍由院、系部学生工作部门统一管理，要做到管理科学化、规范化、系统化，充分发挥学生信息员队伍作用。首先，实行信息员身份保密制度。由于信息员提供的信息涉及部分学生的隐私和利益，因此，要对信息员的身份予以保密，避免学生信息员遭到排斥和报复。其次，完善并落实信息员制度建设。学生工作管理部门要制定完善的相关制度，严格落实，保证制度的有效执行。例如，学生信息员选拔制度、奖励政策、培训制度、工作例会制度等。

二、注重任课教师信息员队伍建设

部分高校辅导员重视与任课教师的沟通，并得到了任课教师的积极支持和配合，及时从任课教师那儿获得有效的学生信息。为了更好地发挥任课教师的作用，可以从以下方面着手：

第一，着力解决少部分任课教师思想认识上的问题。新时期下高校任课教师参与学生管理工作是学校育人工作的迫切需要，同时任课教师作为课堂主导者，成为信息联络员是当代学生工作的现实需求。辅导员、班主任与任课教师都是学生成长路上的良师益友，任课教师应主动投入学生管理工作。

第二，帮助解决任课教师收集信息方法上的问题。任课教师应始终坚持以人为本的理念，让学生愿意敞开心扉，在与学生的交往中、课堂表现中、作业反馈中了解学生的动态，从中发现潜在的异常信息。

第三，协调好班主任和任课教师之间的关系，让信息反馈渠道畅通无阻。任课教师积极参与班级管理，有利于营造一种和谐向上的工作氛围。学校对任课教师的工作要给予充分肯定，增强其工作积极性，提高学校的学生管理工作水平。

三、重视家长信息员队伍建设

高校辅导员与家长有共同的教育目标，但大部分高校没有把家长纳入信息员队伍，更没有形成固定、系统的家长信息员模式，在家长信息员队伍建设方面较为薄弱。因此，辅导员应与家长沟通，培养家长成为合格的信息员。

第一，辅导员要加强与家长的联系，增进与家长的沟通；同时，以真诚、平等的态度对待学生家长，取得他们的信任，争取使家长主动参与到学校管理工作中来。

第二，拓展辅导员与学生家长联系的可行性手段。例如，辅导员家访或邀请家长来校，借助手机短信、电子邮件等通信方式进行沟通，确保能及时、畅通地得到学生在家的情况反馈。

第三，辅导员应主动与家长探讨教育学生的方法，进行信息的互通，特别是学校给予特殊关注的学生，更应加强与其家长的联系，鼓励并要求家长及时向学校反馈信息。

综上所述，高校应加强学生、任课教师、家长三支信息员队伍的建设，通过强化信息员队伍管理、提高信息员素质、促进沟通交流等一系列措施，提升信息员队伍工作水平，使信息员队伍在高校学生管理工作中发挥更大的作用。

第三节　高校学生干部队伍建设与管理工作

"随着高校的改革和发展，学生干部在高校中扮演的角色越来越重要，他们既是受教育者又是教育管理的协助者，在高校中发挥着极其重要的作用。加强班干部队伍建设对促进大学生自我教育、自我管理、自我服务起着重要作用。高校辅导员要重视学生干部工作，努力建立一支精干的学生干部队伍，促进学生工作的顺利开展。"[1]

一、高校学生干部队伍建设的作用

高校学生干部既是受教育者又是教育管理的协助者，他们在高校中发挥着极其重要的作用。

（一）高校学生干部对班级同学起表率作用

高校学生干部是从大学生中选拔出的优秀者，是班级同学的表率，他们在日常的学习生活中和班级同学和睦相处，建立良好的人际关系；他们有较强的集体荣誉感，时刻把班级的荣誉放在第一位，具有较高的人格魅力和威信；他们严格遵守校纪校规，严于律己、以身作则，用自身的号召力和影响力带动全班同学共同进步，营造一个积极向上，充满活力的班集体。

---

[1] 张广云，李建. 浅谈高校学生干部队伍建设与管理 [J]. 学理论，2012，(35)：249.

（二）高校学生干部是学生工作传达的桥梁

学生干部在高校中起着桥梁纽带作用，他们既是学生集体的代表，又是学校教育管理工作的协助者、老师的得力助手。作为上情下达者，他们可以把老师下达的任务和指示传达到学生中，使各项工作落到实处；作为下情上传者，他们可以向学校和老师及时反馈同学们的意见和建议，为学校和老师的决策提供真实的依据，使学生工作更加贴近学生的学习和生活，化解师生之间的矛盾，使师生关系更加和谐，促使学生工作形成良性循环。

二、高校学生干部队伍的管理工作

（一）高校学生干部队伍的选拔

一个班级要想成为一个具有活力和凝聚力的集体，必须有一支有感召力和影响力的学生干部队伍。学生干部在某种意义上代表了整个班级学生的外在形象，他们的素质直接影响到班级工作的开展。因此，合格的学生干部必须具备应有的基本素质和标准，这是选拔学生干部的主要依据。

1. 学生干部选拔标准

（1）要有较高的思想道德修养。作为一个合格的学生干部必须具备较高的思想道德修养，要作风正派，做事讲究原则，诚实守信，大公无私，以高尚的道德情操影响和带动全班的同学，努力成为思想道德的表率。

（2）要有较强的学习能力和学习意识。班级学风的好坏与学生干部的学习态度、学习习惯息息相关。一个积极向上，学习氛围浓厚、和谐的班集体是在学生干部的带领下逐步形成的。学生干部学习的好坏，直接影响班级良好学风的形成，班级正常的学习秩序也要靠学生干部维持。另外，学生干部还应树立广泛的学习兴趣，丰富自身的知识结构，拓宽知识面，不断提高文化素养。

（3）要有较强的与人沟通能力。学生干部还应具备较强的与人沟通的能力和好的口才。班级中的同学来自五湖四海，由于生活习惯的不同，在日常生活和学习中经常会有摩擦，学生干部要善于发现问题，及时地与相关同学沟通，才能很好地解决矛盾，维护班级的和谐。另外，班干部必须开好班级会议，口才很重要，要做到思路清晰、重点突出，在班级中树立威信。

（4）要有较强的组织协调能力。学生干部要想很好地完成辅导员和老师交给的任务，需要较强的组织协调能力。要出色完成老师布置的一项任务，学生干部需要充分发挥他们的主观能动性，做好工作规划，善于把全班学生组织调动起来，积极参与和配合，凝聚全班所有同学的力量去共同完成。在此过程中，学生干部不仅自己要做好，还要带动其他同学，善于把自己成功经验介绍给他们，共同进步。

（5）要有积极乐观、勇于表率的态度。学生干部要有积极乐观的心态和宽广的胸怀，能顾全大局，在班级中要勇于做表率。学生干部内部首先要做到团结协作，互相支持，互相配合，不能搞帮派，这样才能带动全班学生。作为班级的表率，学生干部要严格遵守各种规章制度，以身作则。

2. 合格学生干部选拔

确定选拔标准之后，辅导员在学生干部的选拔上要认真广泛听取同学们的意见，尊重学生的主体地位，让学生广泛参与进来，通过民主推荐竞争上岗，把真正符合条件的学生选拔到学生干部队伍中来。

（1）民主推荐候选人。学生干部的候选人要在全体学生参与下产生，先由有意向和符合条件的学生提交申请，经小组评议表决，确定初步的学生干部后备人选，将小组候选人上报辅导员，作为最终的学生干部候选人。

（2）集体投票选举学生干部。民主和公正是选拔学生干部的重要原则，每个有意向成为学生干部的同学要公平竞争。因此，在投票选举前，辅导员向班级全体同学公布学生干部应具备的哪些基本要求、学生干部的选举程序和计票方法、班干部的任期等，对选举的结果要当众公布，确保公开、公正。

（二）学生干部队伍的培养

学生干部选举产生后，为充分发挥其作用，还要适时地对他们进行培养，以提高他们处理事务的能力。

1. 培养良好的思想政治素质

辅导员要帮助学生干部树立正确的世界观、人生观和价值观，树立崇高的理想。这是高校学生干部队伍素质的魂。还要根据社会的需求，通过形势政策课和第二课堂活动等，让学生干部了解国家的方针政策、关心国家大事、认识社会现状，领悟当代大学生的时代责任。对学生干部进行爱国主义和革命传统教育，培养学生干部乐于吃苦、甘于奉献的精神。

2. 培养良好的组织协调能力

辅导员要善于把自己多年积累的组织管理知识，结合具体的学生工作实践经验，给予学生干部有效的指导，让他们较快适应学生干部岗位。还要对他们进行启发教育，鼓励他们充分发挥自己的主观能动性，学习管理知识，掌握基本的领导技巧，做好班级工作。要鼓励学生干部深入学生中去，通过与班级其他同学的交流，学生干部可以了解到其他同学真实想法，这样才能为班级科学决策提供最直接和最真实的依据，才能发现新方法。另外，在此过程中也学会了和各种性格的同学打交道，提高了与人交往的能力。

3. 培养较强的心理素质

高校学生干部虽然是大学生中的骨干，具备较强的能力，但是，他们还是学生，接触社会的机会少，社会阅历浅，经验不足，多数心理发展不够成熟，抗击打能力较弱，遇到挫折和失败容易产生心理上的失衡，丧失自信心和工作热情。作为辅导员要时刻关注和关心学生干部，多和他们谈心，鼓励他们勇敢面对挫折，保持乐观积极的心态。要定时对学生干部进行大学生心理方面的培训，培养他们良好的心理素质。要让他们知道，作为一名学生干部，在开展工作中遇到困难时，要学会调节自我情绪，使自己冷静下来，理智地去面对和解决困难。

4. 权衡好学习与工作关系

学生干部是全班的表率，要带领全体同学全面进步，他们不但做好干部工作，还要有良好的学习成绩，如果学习成绩不好，学生干部的表率作用就会打折。因此，学生干部须勤奋刻苦，热爱学习，带领班级其他同学一起努力，成为具有较高素质和竞争力的人才。

5. 制定科学的工作考评制度

为鼓励学生干部多方面发展，约束他们的行为，成为班级学生真正的表率者，必须科学建立学生干部的考评制度，要定好合理的奖惩制度，明确成文，对他们一学年的工作成绩给予评定。学生干部的考评要以多种形式进行，包括学习成绩、工作业绩和民主评议等。作为大学生，学习还是第一位的，好的学习成绩是一个优秀大学生必须具备的基础性条件。因此，学生干部作为全体学生的带头人，学习成绩是考评的首要内容，只有符合学习成绩条件的才有可能继续担任学生干部；学生干部平时的工作状况也是一项主要的考查内容。

从学年初就要对学生干部的工作进行监督和检查，做好记录，还要定期考查他们的工作业绩和思想状况，作为学年末评定的依据。为保证评定的公正性和真实性，主要的学生干部辅导员直接考核，其他学生干部由主要的学生干部考核。另外，在考核评定中要广泛听取同学们的意见，让所有同学都参与进来，做好民主评议，保证评定的公正性。评定结果要保证透明性，做好公示。对于学习成绩优异、工作表现突出的学生干部要给予表彰和奖励，充分肯定他们的工作；对于学习成绩较差或工作不称职的班干部要给予批评教育，完全不符合条件的要果断撤职，做到奖惩结合、赏罚分明，规范学生干部队伍，为他们的成长明确方向，向健康的方向发展。

总而言之，在高校建设和培养一支精干的学生干部队伍可以带动全体学生全面进步，营造一个好的学习和生活氛围，为学生成才提供有利条件，也可以有效协助辅导员做好学生工作，推动学生工作健康发展。

第四节　高校学生公寓管理队伍工作及其建设

高校学生公寓具有教育、管理服务的职能，是校园精神文明建设的窗口，是大学生学习、生活交往的主要场所，是课堂之外对大学生进行政治思想教育和素质教育的重要阵地。多年来，高校学生公寓"重建轻管"，学生公寓管理队伍的建设得不到重视，作用得不到发挥。高等教育的发展和当代大学生的要求，促使高校亟须加强学生公寓管理队伍建设。

学生公寓管理工作的好坏直接影响学生的综合素质及学校的办学质量。高素质的管理队伍是落实学校育人各项任务要求的关键，是在学生公寓进行各项服务与管理的主体，是对学生进行行为习惯教育、人生观教育、价值观教育、集体主义教育、传统美德教育的依靠，是一支不可忽视的教育力量。

对学生公寓的管理要贯彻物业管理和学生管理相分开的原则。学生公寓的物业管理由后勤集团或其他部门负责，学生管理则主要由学校负责，且只能加强，不能削弱。学生宿舍管理不是简单的物业管理，学生在宿舍区的思想教育及日常规范教育应由校方来抓，不能推向社会，后勤实体侧重负责的是学生宿舍的物业管理。因此，高校必须将社会化大学生公寓管理工作纳入学校的整体规划之中，建设一支素质高、能力强、相对稳定的管理服务队伍，加强学生公寓管理队伍建设，提高队伍整体素质，是当前加强和改进学生公寓工作必须高度重视并重点解决的课题。

一、管理工作要统一思想，提高认识

学生公寓管理是高校学生教育的重要组成部分。面对转型时期的社会大环境，面对高校扩招的新情况，学生公寓管理队伍对于促进学校发展、维护学校稳定，引导、服务学生成才、成长，发挥了不可替代的作用。学校应从"讲政治"的高度，为这支队伍的稳定提

供必要的保障，从行政的高度进行组织协调，只有形成分工明确、齐抓共管的局面，才能实现公寓管理的科学发展。从公寓管理部门而言，也要排除外界对学生公寓管理工作的错误认识，教育引导员工热爱所从事的职业，坚守岗位。高校学生公寓管理队伍作为学生工作的延伸，必须在思想上发挥引导、影响作用；情感上发挥滋润、疏导作用；生活上发挥关心、解难作用。

二、加强教育培训，提高管理者素质

高等教育对学生公寓管理的要求越来越高，学生公寓在服务内容、服务质量和服务育人等方面必须结合新时期的教育特点而有新的提升，不仅要增强服务功能和服务意识，而且必须体现"人性化"的服务特点和"以学生为中心，以服务为基础，以管理为手段，以育人为目的"的服务理念。面对高校学生公寓管理队伍建设的现状，要从提高员工的思想素质和业务素质出发，努力提高公寓管理人员的素质，深入开展"管理育人"和"服务育人"活动。通过各种形式，对员工尤其是对新进员工进行思想教育、技能、文化知识等方面的培训。一是岗位培训。通过培训，使员工明确自己的工作对象、工作范围和工作职责，明确应该如何去做，达到一个怎样的目标。二是经常选定公寓工作和学生中的难点、热点问题，组织研讨、交流，提高认识，有针对性地开展工作。三是加强员工对大学生心理健康知识和应对突发事件等方面的训练。四是加强对学生公寓管理人员进行公寓工作新途径、新方法的培训。

三、培养管理工作的团队合作精神

良好的团队合作可以迅速地分解工作任务，并通过分工、协作来完成总的工作目标。学生公寓管理服务工作是具体的、烦琐复杂的，单靠个人的力量很难取得较大的成绩，必须依靠集体、依靠团队的力量，通过各个岗位的合作才能实现。要培养员工的集体主义观念和组织纪律性，在尊重每一个员工的个性和特长的同时，要强调合作、强调团队精神，培养员工之间相互依存、同舟共济、互敬互重、礼貌谦逊、相互帮助、互相关怀，充分调动员工的积极性，把每一个人的潜能和价值都发挥出来，带动并实现整体队伍水平的提升。

四、建立高素质、稳定的业务骨干队伍

对于高校学生公寓工作来讲，要满足大学生的需求，没有或者缺少知识型员工是难以做到的。高校公寓管理队伍建设必须走专业化的道路。可以通过招聘优秀大学毕业生，充实管理队伍，着力培养，放手使用，留住人才，形成新的梯队。后勤的员工可以流动，但

后勤的高级管理人员和基本骨干应保持稳定。对于骨干优秀员工，要坚持事业留人、感情留人、待遇留人、发展前途留人。公寓管理服务队伍里有了稳定的骨干，这支队伍就有了灵魂。这是学生公寓管理队伍建设努力的方向。

总而言之，管理服务队伍决定了管理服务的质量，高校形势的发展和当前学生的特点，决定了高校学生公寓管理需要高素质的管理人员，学生公寓管理队伍建设的核心是要把他们的积极性、主动性、创造性调动好、发挥好、保护好。建设的重点是使学生公寓管理人员把当前的职业当成终生的事业，提升他们的"专业化"能力、"职业化"水平。努力完善切实可行、科学合理的管理机制，注重学生公寓管理队伍建设，学生公寓管理工作一定能够做得更好。

第四章　高校学生管理工作——教育创新

第一节　高校学生素质教育的管理创新

素质教育根据人们的认识和解释的角度不同有多种多样的含义。总体而言，素质教育是一项系统的教育工程，它包括德智体等多个方面，德育是指包括政治、道德等因素在内的思想道德素质教育，智育是指涵盖文化和业务知识技能等大范围的科学文化素质教育，体育则是身体、心理两者兼顾的健康素质教育。其中，德育是根本，智育是核心，体育是基本保证。素质教育的主体是人，是全体学生。加强素质教育就是从提高学生的综合素质和促进社会文化进步的高度，把"传道"与"授业"相结合，促使学生主动去寻求自身的完善和整体的提高。素质教育的过程并不是简单的知识或者技能的传授，更多的是对人的一种开发性教育，结合个体的发展需求，因材施教，通过情感、道德、心理、审美等教育来激发学生关注个人的整体水平，自发地追寻德智体等全面发展。

高校学生素质教育是面向全体学生，以全面提高学生的德智体等多方面基本素质为根本目的的教育。现代社会发展迅速，国与国之间竞争激烈，归根结底都可以归结为人才的竞争，拥有高素质人才，就等于拥有了竞争优势。高校是培养人才的重要也是最主要的基地，高校学生的综合素质不仅关系个人的成才和发展，更是关系到整个国家和民族的前途命运。在具备专业知识的人才之外，社会和国家更需要的是有能动性、创新性、应变力，有可靠的思想政治素质、奉献精神和社会责任感，以及有着强健体魄和健康心智的人才，这些要素都来自人的素质。只有大力推进素质教育，从德智体等多方面对高校学生的综合素质进行教育和培养，才能造就优秀的高素质人才。高校学生素质教育的管理创新方式包括以下内容：

一、构建素质教育的核心管理层

"为了提高组织相关工作的实施效力，加强其在各个部门之间的指导与协调的力度，学校可以委托一位副校长专门负责大学生素质教育管理组织的日常工作，包括大学生素质教育内容的研究、素质教育活动的规划与评估等。"[①] 高校还可以设置一系列由学生处、就业指导中心、教务处、考核办、各个院系的相关领导组成的工作组，为副校长的日常工作建言献策，在辅助副校长完成高校学生素质教育管理工作的同时，也能够通过不定期的会议为各个部门的领导提供一个以"大学生素质教育"为主题的沟通平台，加强他们之间的沟通和交流活动。

二、设置素质教育理论研究机构

素质教育理论研究机构可以采取多样化的方式来开展工作，内容包括：一是广泛收集政府部门有关大学生素质教育方面的政策资料，随后加以深入的研究和解读；二是通过国家大学生就业情况报告、社会大众媒体以及学校内的就业指导中心等各种渠道，收集有关社会人才需求情况方面的资料；三是通过调查研究的方式，了解高校学生就业水平和存在的问题等；四是以校级科研课题的方式，委托高校内的专家、学者进行大学生素质教育、大学生就业方面的研究活动，从而获取更加系统、专业的研究资料和发展策略。

三、设置学生心理与个性特征研究机构

高校学生心理与个性特征研究机构的工作方式有以下几种：一是通过专业书籍、学术期刊、大众媒体的渠道，搜集其他学者的研究资料和研究成果；二是在本校定期开展对大学生心理与个性特征的调查活动，调查对象包括学生群体、辅导员群体、教师群体、学校管理者群体等，由此获得第一手资料；三是同样以校级课堂的形式，委托具有心理学、社会性或者是教育学知识背景的专家、学者就大学生心理与个性特征展开具体的研究活动，从而获得更加专业、系统的研究资料和研究成果，并将这些资料和成果提供给上级领导者，为具体的大学生素质教育管理活动提供一定的参考和借鉴。

四、建立素质教育管理、规划与执行机构

素质教育管理、规划与执行机构可以下设专业课程素质教育机构、选修课程素质教育机构、文体活动素质教育管理机构等。选修课程素质教育管理机构的工作方式有以下几种：一是根据素质教育目标、教育内容及所在学校学生的心理与个性特征，来安排科学、合理、系统的选修课程体系；二是负责考核各门课程的教学内容与教学方法；三是负责监

---

① 李晓飞. 素质教育视野下大学生管理模式创新研究 [J]. 陕西教育（高教），2016，(4)：79.

督各门课程的考试情况。高校素质教育管理系统中的文体活动素质教育管理机构应当分为两个具体的部门，即"自上而下"的文体活动管理部和"自下而上"的文体活动管理部。"自上而下"的文体活动管理部一方面负责安排高校学工部、组织部、学生会举办的一系列活动；另一方面负责鼓励学生积极参加校外以增强大学生素质为核心的优秀文体活动。"自下而上"的文体活动管理部则主要是负责校内学生所举办的一系列文体活动。

五、建立素质教育监督与评估机构

素质教育监督与评估机构，一方面制定日常考核指标，即了解大学生素质水平、素质现状，尤其是与国家素质教育内容相比，特定高校学生内在素质存在的问题等，从而为素质教育相关决策的制定提供参考资料；另一方面是对各个机构实施的素质教育活动的效果进行考核与评估，包括专业课素质教育效果、选修课素质教育效果、文体活动素质教育效果等。这既给相关部门和个人一定的压力，增强其实施素质教育活动的动力；同时也能够及时地发现问题，并提出具体的应对措施。

总体而言，高校要在正常的教学管理组织之外建构起一个独立的、由一位副校长负责的素质教育管理组织，其下设素质教育理论研究机构、现代大学生心理与个性特征研究机构、所在学校素质教育管理与规划机构、素质教育监督与评估机构等，来评估、监督与指导高校正常的教学活动、文体活动，强化其素质教育改革的理念，提高其素质教育改革的质量和效率。

第二节　高校学生德育教育的管理创新

一、高校学生德育教育管理意义与内容

高校德育管理是现代高校管理的重要组成部分，既是高校管理活动的一项重要内容，也是高校管理活动的一种特殊形式。高校德育管理是一般管理原理在高校德育中的具体应用。高校德育由多种要素构成，直接受多方面因素的影响和制约。由于影响高校德育的因素多、涉及范围广，这就决定了高校德育要落到实处、取得实效，便需要有专门的组织机构，能够针对德育工作的复杂性、特殊性、专门性，制订可行的德育工作计划，协调好各方面的教育力量，以求达到德育目标。因此，所谓高校德育教育管理，就是高校管理者根据现代社会的德育目标，遵循德育发展和管理的一般规律，运用科学的管理方法，在一定

的环境条件下，通过预测、决策、计划、组织、指导、协调、控制、评价，有效地组织、分配和利用校内外各种德育资源和相关要素，形成德育合力和整体优势，以提高德育效率，实现德育目标的过程。

（一）高校学生德育教育管理的意义

第一，全面提高德育实效。相对高校其他方面而言，高校德育管理更为复杂。德育管理旨在通过加强实体化管理，建立德育质量保障体系、完善德育工作控制系统和健全德育约束机制，运用科学合理的方法发挥德育的作用，以求切实明确高校各部门及相关人员的德育责任，提高德育实效。

第二，充分调动德育工作者的积极性。德育工作者是德育工作的实施者和主力军，是高校德育工作的保证。德育的科学管理，一方面要根据德育目标的要求，对德育工作者的行为实行必要的监督和限制；另一方面要鼓励、支持和强化德育工作者那些符合社会需要、为社会所要求的愿望和追求，使之转化为从事工作的内在动机，使德育工作者的心理活动保持一种能动活跃状态，具有强烈的学习和工作的欲望和行为，表现出既有争取优良工作绩效的意志，又有研究改进工作的创新精神。

第三，发挥德育组织的作用。德育组织是德育管理的直接载体，为了实现一定的德育目标，人们按照某种方式结合而成的正式群体，称为德育组织，如高校的年级组、班级等。正是基于这些不同组织的存在，高校德育工作才能正常地开展。如何利用、管理好这些组织，使它们有效地服务于高校的德育工作，是高校德育管理需要思考和解决的问题。加强德育管理，就是要依据科学的德育管理体系，建立有特色的德育管理体制，从而理顺德育组织内外的各种关系，充分发挥德育组织的凝聚力，从而使得德育工作卓有成效。

第四，营造良好的教育氛围。校风是高校全体成员的作风，是高校成员在思想、学习、工作、生活上表现出来的相对稳定的态度和行为方式的总和，如学风、教风、高校领导作风等。从高校管理的角度来看，校风是一所高校的办学思想、管理意识、管理制度、管理价值等方面的外在表现；从高校伦理价值的角度来看，校风又是对高校的基本精神状态和道德风貌的总的概括。优良的校风一旦形成，会成为一种强大的感召力和约束力，能够对高校每个成员产生潜移默化的影响，在无形之中使高校组织凝聚在一起。校风建设是德育管理的重要内容，良好校风的形成，意味着高校良好教育氛围的形成。

第五，协调各方教育力量。高校德育是一项系统过程，其中涉及对诸种影响因素的综合考虑和各方教育力量的协调。加强德育管理，就是要通过组织、协调、指挥等职能，把校内外各种可调动的德育因素科学、合理地组织起来，并按照统一的目标和计划相互协调地发挥作用，以求取得整体的德育效果。就高校外部而言，意味着需要从高校实际出发，开发和利用各种德育资源，创设各种有利情境和机会，加强高校和社区之间的联系，促进教师和家长之间的沟通，由此整合高校、家庭、社会的教育力量和影响，发挥德育的整体效果；就高校的内部而言，意味着需要突破单一依靠德育组织或德育工作者的状况，调动高校内部各种教育资源和力量，最大限度地发挥校内各种力量的德育功能。

第六，促进高校的整体管理。德育管理是整个高校管理的重要组成部分。作为整体存在的高校环境中，德育工作的开展，需要同智育、体育、科研、后勤等各项工作紧密联系。并且，德育管理对其他各育的管理具有先导、指引的作用。因此，加强德育管理，不仅意味着需要高校其他管理的支持和配合，也意味着可以直接影响和促进高校其他各项管理工作的全面改善，对高校管理的整体工作有极大的促进作用。

（二）高校学生德育教育管理的内容

1. 高校德育教育的目标管理

高校外部环境和内部条件，制定出本校德育的总体目标、阶段（学年或学期）目标和层级（各部门、年级、班级）目标，并且要处理好总目标和子目标、整体目标和局部目标、长远目标和近期目标、组织目标和个人目标之间的关系，形成德育目标网络体系，对各级各类目标的完成情况进行相应的指导、督促和评价。因此，高校德育目标管理是高校德育工作成效的衡量尺度，对高校德育具有导向、激励、凝聚和评价的作用。

2. 高校德育教育的计划管理

德育计划管理是德育管理的首要内容，是其他德育管理活动的重要基础和依据。高校根据德育目标和德育管理目标，制订周密的德育工作计划，明确各个阶段的德育工作内容、重点和要求；制订具体的德育活动计划，明确不同学习阶段德育活动的侧重点，并依据各个学习阶段的活动内容，从途径、方式、方法等方面提出要求或建议；通过检查、督促德育工作的执行情况，使德育计划落到实处。可见，德育计划管理是一项依据现实、预测未来、设立目标、计划决策，科学地配置现有德育资源的工作，使高校德育工作获得最大成效的过程。

3. 高校德育教育的组织管理

为了实施高校德育计划、实现德育目标，需要建立德育组织系统，加强德育组织的管理。而德育组织管理关系到德育组织的建立和运行状态，进而在一定程度上决定着德育计划的成败。德育组织管理，先要建立健全德育管理组织机构，形成一支德育工作队伍，将德育任务细致分配到全校各个部门、各个组织机构以及全体工作人员，并协调好各机构、部门之间的关系，凝聚高校内部教育力量；组织家庭、高校、社会等力量，互相配合、协作，保证德育影响的一致性；提高德育管理过程中各种资源（人力、物力、财力或时间、空间、信息等要素）的有效利用。

4. 高校德育教育的制度管理

德育制度是德育各项工作开展的依据和保障。建立和健全各种德育管理制度，其中既包括全校师生员工、学生要遵守的规章、规定和规则，还包括高校德育机构设置、德育队伍建设、德育资源的开发和利用等方面的规章制度和管理条例，并要保证这些规章制度的有效实施，能够及时地进行调整、修改、补充、完善这些规章制度，做到有章可循、有据可依。

5. 高校德育教育的环境管理

高校德育环境是指开展高校德育活动所具备的内外时空条件的总和，包括高校外部环境和高校内部环境。对高校的外部环境而言，包括一定时期下的经济、政治、文化背景和社会、家庭、传媒等资源，这时德育环境管理意味着在社会环境的大背景下，通过多种渠道，取得社会各方力量的联系与沟通，加强对德育工作的支持和配合；对高校的内部环境而言，包括高校师生关系、校园文化传统、高校和班级的空间布置等，高校德育管理就是要加强高校物质环境和精神环境的双重建设，其中文化建设尤其重要，加强教育环境建设、形成良好校风和高校传统，充分发挥环境对高校思想品德形成的潜在性、持久性的功能。但是，就一般意义而言，德育环境专指高校内部环境，即为促进学生品德形成和发展而有意识创设的环境。

6. 高校德育教育的学生品行管理

学生品行管理属于高校德育管理的一项基本内容，由于它直接涉及德育工作的受教育者，所以能够直接体现高校德育管理的成效。学生品行管理涉及学生的日常行为活动，包括生活习惯、学习习惯、人际交往习惯等。如何帮助学生养成良好的品德习惯，是高校德育工作的主要内容，是德育管理工作的中心任务。

二、高校学生德育教育管理的组织过程

高校进行德育管理需要一个健全的组织体系，否则，高校德育管理就无法进行全盘运筹，也无法将各方力量充分调动起来。所谓健全的高校德育组织体系，就是所建立起来的这种组织体系适合于完成德育目标，具有系统性、完整性、全方位性，能够将有关的德育

工作者组织起来，并根据客观环境的变化而进行整体性运作。高校德育教育管理过程包括为计划、组织、沟通、协调、督导（或评价）等功能性环节。依据高校管理过程的功能性环节，可以把德育组织运行看作是由目标、计划、检查、总结等环节所构成的整体。

（一）设置高校学生德育教育管理目标

德育管理是为实现高校德育总目标服务的。在不同的学习阶段，有着不同的德育目标，在不同地区、不同高校，也有着不尽相同的校本德育目标。如何把德育目标分解为具体化的、可操作性强的目标，充分调动高校的人力、物力、财力资源，协调好各方教育力量、各种教育影响因素之间的关系，便涉及德育组织目标的制定问题。良好的德育组织目标，指明了高校德育工作的具体方向，明确了不同阶段高校德育工作的重心，有利于增强德育工作的针对性和目的性，有利于对高校内部各种组织或机构、各种人员提出明确而统一的工作要求，有利于调动德育工作者和广大教师参与德育工作的主动性、积极性，从而使高校德育工作落到实处、取得实效。

德育组织目标的设置，要以德育目标为指引，充分考虑高校学生思想品德发展的特点和水平，充分考虑本地、本校的实际情况，要对高校德育管理工作具有明确的指向性和指导意义。在目标设置过程中，既要遵循学生思想品德形成和发展的规律，从学生的思想品德的实际出发，又要关注德育所面临的新形势、新任务，从而满足个体发展和社会发展的需要；既要体现现实性、连续性，又要体现前瞻性、超前性，以求较好地发挥德育管理目标的指导作用和指向功能；既要体现德育的统一要求，又要反映本地、本校的实际状况，使德育组织目标具有针对性、实操性；既要体现学校的办学理念，又要切合高校德育工作的基础和条件，从而有利于教师和学生全员参与、全程参与。

（二）制订高校学生德育教育管理计划

德育组织目标要想发挥实效、付诸实践，就要有一个周密的计划和安排，以保证德育管理目标能够有步骤、分阶段地得到落实。周密的德育工作计划可以使德育管理者与被管理者有的放矢地开展工作，有利于协调高校各方的工作步调，是使德育目标和内容得以层次化、序列化的重要保证。制订德育教育管理工作计划的基本要求如下：

第一，以德育组织目标为指引，实事求是，切实可行。在计划制订过程中，依据高校在一定时期或发展阶段的德育管理目标，针对学生的思想品德的现状和发展水平，从高校人力、物力、财力等实际情况出发，有步骤、分阶段地安排德育工作。

第二，合理分工，优化德育资源配置。根据高校有关机构或部门的性质和特点，对德育工作任务进行合理分工，并从有利于达成德育目标和德育组织目标的角度，设法优化现有的德育资源配置，并通过多种渠道、多种方式，不断开发新的德育资源。

第三，提升工作计划的针对性、有效性。要充分发挥教职工的积极性、主动性，让他们参与德育工作计划的制订并明确各项工作的具体要求，促进他们把高校德育工作计划转化为不同岗位的具体工作任务和要求。

当然，德育工作计划的制订要服务于德育目标，服务于学生的成长，在实际操作中，要努力避免形式主义，避免德育组织目标高于甚至掩盖德育目标、学生的成长屈从于管理者或教育者的个人目标等不良现象的发生。

（三）开展高校学生德育教育工作检查

检查就是对德育工作进行考查、督促、约束，是德育工作计划执行情况的信息反馈。德育计划制订得再好，如果只有布置，不进行检查仍达不到预期的效果。检查是德育组织管理的必要环节之一。开展高校德育教育工作检查的基本要求是：第一，检查工作要有正确的指导思想；第二，检查工作要以上级的各项规定、高校德育工作计划规定的德育目标为依据；第三，检查工作要走群众路线；第四，领导干部对自己的工作也要进行检查。

（四）进行高校学生德育教育管理总结

总结是德育教育管理过程的终结环节，德育管理总结的基本任务是：对整个德育管理过程进行回顾，做出评价，找出成绩，发现问题，概括经验，为确定下一阶段的德育管理目标、制订新的德育管理工作计划及实施方案奠定基础，从而使德育管理过程有效地进入下一个管理周期，促进德育管理过程的螺旋式上升，由此不断提高高校德育管理工作的效果和水平。在德育管理过程中进行德育管理工作总结要注意：第一，把总结和目标、计划、检查几个环节看作是一个完整过程，总结要从德育组织目标出发，依据德育工作计划、基于对德育管理工作的检查结果来进行；第二，总结工作要实事求是，不夸大，不缩小；第三，提高认识，注重分析。要提高全体人员对总结这一环节的认识，运用多种形式，如全面性总结、专题性总结等，引导大家相互交流、相互启发，归纳出有益经验，分析存在的问题及其原因；第四，表彰先进，激励各方力量不断改进德育管理工作。在可能的情况下，要针对总结中发现的问题，提出下一阶段进行改进的意见或建议。

三、高校学生德育教育管理的规范体系

规范是调控人们行为、由某种精神力量或物质力量来支持、具有不同程度普适性的指

示或者指示系统，管理规范即是某一组织（或组织体系）根据自身需要而提出，用以调节管理对象（人或机构）行为的标准、准则或规则，它通常以文字的形式规定管理活动的内容、程序和方法，包括管理条例、章程、制度、标准、办法、守则等。

（一）高校学生德育教育管理规范的意义

　　管理规范是教育系统各级成员（或机构）在教育活动中共同遵守的规定和标准，是高校管理的基础工作，对保证高校正常运转，提高德育管理水平具有极其重要的作用。高校管理规范是教育系统有效运转的基本保证，对提高我国高校管理效率有重大的意义。作为庞大而又复杂的高校组织体系，要想有效运转，就需要一定的规范来统一高校内各成员的个体行为。管理规范以统一而全面的方式指导教育体系的运行，使教育系统内各部分发挥了自身最大的效益，同时，合力产生促进我国教育发展的整体效益。

　　管理规范是加强和有效改善高校德育工作的基本依据，高校管理规范体系中的德育管理规范直接指导高校的德育工作，使各级各部门的德育工作能够有效开展，同时，德育规范自身的评价功能让德育在评价与反馈的过程中有效进行。管理规范是实现高效德育目标的重要保障。高校管理规范引导整个教育体系和高校主体的运行，各机构、岗位成员按管理规范行事，使得各部分的力量互不冲突，相互配合，这也为实现高效德育提供了重要的环境保障。

　　高校德育教育管理规范是提高学生自主管理能力、引导班级自治的重要手段。高校管理规范以直观的条文规定了教育系统内各成员（机构）的职责，同时，对学生的自主行为也进行了规范。学生参照这些标准能够规范自己的行为，也能制定班级范围内的守则对班级进行管理和自主自治。我国各级高校管理规范的针对性也为学生自主、班级自治的实现提供了可能。

（二）高校学生德育教育管理规范的特性

1. 科学性与系统性

　　管理规范总是不同程度地反映着社会生活的某种因果必然性，而不是任意制定的，它是对与人的行为相关的客观规律和客观必然的把握，管理规范作为行为的指示，具有操作的可能性和达成预期的可能性。高校德育管理规范要维持效力除了本身的科学性外，还需要系统性对之加以保障。这不仅要求管理规范要有全面的内容和体系，还需要管理规范得以搭载的统一的观念体系，使其所制定的目标和行为准则不是孤立地存于制度规范之外。总而言之，高校德育教育管理规范要成为人们的行为准则，它本身就应当准确、健全、统一，不能模棱两可，更不能相互矛盾。

2. 规范性与强制性

管理规范以简单明了的具体规章告诉人们应当做的内容、应当如何去做，高校德育教育管理规范就是用规范化的要求来指导高校的运行，并以之来指导和矫正高校内各成员的行为，使他们的行为符合高校组织体系运行的要求。同时，管理规范对所有对象都有严格的约束。

3. 公开性与权威性

与管理规范的指导作用相适应，高校德育教育管理规范要具有公开性，以简明扼要、通俗易懂的形式呈现，方便管理对象了解、掌握，从而发挥管理规范的作用，使之获得有效执行；同时，高校德育教育管理规范由具有权威性的特定机构制定，因而具有权威性，这也是强制性得以保障的需要。

4. 相对稳定性与发展性

管理规范一经批准，并公开实行，在一定的时期内就要保持稳定。然而，随着社会的发展和人的诉求的变更，任何组织（或组织体系）都不是固定不变的，自有其发生发展的历史。当组织（或组织体系）的目标发生变更时，其所规定的各种规范也要随之变化，及时反映本组织（或组织体系）的利益与目标。对于高校教育而言，德育教育管理规范也同样具有相对稳定性与发展性。

（三）高校学生德育教育管理规范的类型

高校管理规范对高校内各成员的所有个体行为做出具体的要求，因而高校管理规范设计的内容相当广泛，它的分类也多种多样。

第一，按照高校管理规范的性质划分，可分为正式和非正式的管理规范。正式的高校管理规范由权力机关制定，有具体的文本；非正式的高校管理规范属于隐性的管理规范，具有临时性，常存在于班级管理中或突发的高校管理事件中。

第二，按管理规范的形式划分，可分为制度性高校管理规范和非制度性高校管理规范。制度性管理规范由具有一定强力的管理机构执行，非制度性的高校管理规范则不通过强制手段强迫高校内各成员或机构执行。

第三，按照规范的内容进行划分，主要可分为对教育人员和教育对象的管理规范、教学管理规范、德育管理规范、总务后勤管理规范、安全管理规范等。对教育人员和教育对象的管理规范包括教职工管理规范以及学生管理规范，其中教职工管理规范包括对高校领导机构、行政机构的工作人员以及教师的管理，涉及职责认定、行为指导及聘评规范等；教学管理规范指对教学岗务职责、教学程序、教学设施、教学评价的规范化管理，部分高校也将教研管理纳入教学管理规范；德育管理规范指高校对德育工作的要求，包括对高校德育组织、高校德育内容、高校德育活动、高校德育考核等的规范化标准；总务后勤管理规范是指高校对后勤人员的后勤工作以及后勤设施的管理规范；安全管理规范是高校对师生生命和财产安全的管理要求，包括具体的安全措施、各级的安全职责以及日常安全常规。

四、高校学生德育教育管理创新的重点

德育教育是高校教育教学体系的重要组成部分，是高校学生综合素养形成的前提。随着社会的快速发展，高校德育教育面临着新的挑战，在此情况下，创新传统德育教育内容与形式成为现阶段高校德育教育工作的关键。关于新时代高校学生德育教育管理的创新，具体如下：

第一，新时代高校德育教育内容与形式的创新。高校传统德育教育以教学大纲为依据，相关教学内容多来自教材，导致高校学生对德育教育失去兴趣。因此，高校德育教育应围绕教学大纲丰富教育资源，使之具有时代性、代表性，并坚持以学生为主体的德育教育方式，利用互联网、微课等平台进行德育教育，可有效利用高校学生的碎片时间。同时，加强与学生之间的沟通交流，善于发现问题，使高校德育教育更加具有针对性。

第二，深化高校德育教育理念的认同感，通过广泛的社会实践强化德育教育效果。在过去较长的一段时间里，高校德育教育仅限于课堂，纯理论的德育教育未能使学生意识到德育教育对其成长的重要意义，最终导致高校学生的思想道德素养相对偏低。对此，高校德育教育应当深化多层次的德育教育理念认同感，通过案例分析、情景教学等方式使高校学生意识到德育教育是其参与社会活动的前提和保障。同时，基于强烈的认同感，高校德育教育还需要通过广泛的社会实践强化德育教育效果，这也是新时代高校德育教育创新的具体表现，只有通过社会实践，才能检验高校德育教育的具体效果，发现高校学生在德育教育中存在的问题，为高校德育教育工作的开展指明方向。

目前，"以人为本"的教育理念已经达成共识，德育内容和体系也在逐渐完善，德育方法不断创新，德育载体不断丰富，德育评价更趋科学合理，德育机制不断健全，大德育的框架已逐渐形成，高校德育教育将进入一个新的阶段。

第三节　高校学生美育教育的管理创新

一、高校学生美育教育的目标与原则

（一）高校学生美育教育的目标

针对现代大学生人格所体现的人文关怀、积极乐观、独立和谐、开朗热情、创新洒脱等特质，高校学生美育教育目标可以由以下三个维度的子目标建构而成：

目标一：提升学生的审美需要层次，旨在强调审美教育要关注学生的生活和审美认知的内在动机。学生的审美心理是自主性建构的，而不是通过"灌输"形成的，如果在审美教育中忽视学生的自主性，没有充分重视学生的审美意识的自由发展，提升学生的内在审美需要，学生的内在审美人格不可能建立起来。

目标二：培养学生全面的审美情感和审美判断，协调学生人格中感性、理性等要素共同发展，并形成有机的项目联系，旨在强调审美教育在协调学生人格发展中的现实作用。既然审美教育不是通过"灌输"来影响人格的完善，那么发展学生的审美情感和审美选择就应该是一项基本的目标设定。

目标三：引导学生形成稳定化、普遍化的理想人格结构，逐步促使适应当前社会发展的时代人格品质的形成与确立。这既是审美需要层次提升的结果，也是审美判断和审美情感处于高级阶段的确证。

（二）高校学生美育教育的原则

教学实践是教学原则的起源，教育原则是持续丰富、发展与更新的独一来源，自从有教育活动以来，人们在教学的实践中经历持续的探究，渐渐发现了让教育获取成功有着规律性的要素，也了解到导致教育失败的经验。因此，部分进步的教育家、思想家将其加以概括、提炼、总结成为理论准则，用作教导教育实践的基本准则。因为人是一个非理性与理性、感性的统一体，所以，完备的教育应让这两方面皆能得到完善、发展。现今，在大学里部分学生在欣赏、浏览文学艺术作品时，未能从其中取得审美的喜悦、心灵的悸动，也未能感受到作者的精神感情。

很多大学生都缺少审美能力，这些学生不知道如何鉴赏美、何为美，更不知道如何去创造美、表现美。然而，美育，以美成人，它有一个极为关键的教育目标就是教育学生优异的审美修养、审美情趣，进而，教育出品格上和谐发展的学生。美育并非寻常的技术教育、艺术教育、知识教育，它是全面的审美素质教育，是以教育学生完整的人格为目标的教育。通过美育，需要推进学生形成完美人格，教育美的情操，发扬美的品格，确立美的理想，同时，还应该教育学生创造美、鉴赏美的能力。高校学生美育教育的原则包括以下内容：

1. 循序渐进原则

在培养学生品格的美育时，须依照其认知发展的规律，由低到高、由易到难、由浅入深逐渐开展的原则，即是在美育中的循序渐进原则。依据认知的次序，由此及彼、由表及里、由感性到理性即是人们对于事物认知的过程，学习的过程亦是如此。美育中的循序渐进的原则亦是依据由简到繁、由近及远的认识次序来进行教育。学生进入大学开始学习，这是他们从人生的一个时期进入另一时期。在这一阶段的大学生多数都缺少实践经历，其行为、思想、心理都在逐步向成熟的方向发展，学生的审美观有健康之分，有高尚之分；也有正确、错误之分，有害的审美观经常会让其歪曲美、无视美，这会让学生的身心健康发展受到危害。所以，教师在进行审美教育时，应让学生先学会欣赏社会美、艺术美、自然美，待其产生了一定的健康高尚的审美观时，然后再让学生的艺术创造能力、审美想象得以发展，最后建立完整高尚的人格。

（1）须辅助学生拥有准确的审美态度。简而言之，人们在审美活动中所持有的审美观念即是审美态度。在喜悦的心态下获得精神世界的陶醉、自由，在美的鉴赏中实现对物欲、名利的超越，以美的角度分析世界，以美的眼光去认知世界，这就是正确的审美态度，它能够培养学生乐观豁达的三观，并能够用美的经验来化解生活中的矛盾、问题，擅长探索生活中的美。会积极看待成长中经历的挫折、苦难，不轻言放弃，同时，善于解决生活中遇到的压力，并转化为无穷的动力，让其能够快乐地学习、工作、生活。

（2）须让学生的判断能力、审美欣赏得以提升。因为人们在鉴赏、判断、感受、发现美的能力即是判断能力、审美欣赏。培养学生的审美能力可以从两方面入手：第一，须积极展开相关审美实践活动，让学生在社会的广袤天地、俊秀的大自然中，在具体可感知的审美体验中，在校外、课外五彩缤纷的实践中，能够真正鉴赏美、感受美、了解美、学习美，在美的熏陶下能够提升审美能力、升华情感，逐渐完善其人格结构；第二，须占领课堂教学的领地，牢牢掌握知识的授予，通过教授美学的基本知识，让学生把握基础的美学理论、美学常识，理解美的内容形式、本质特点，让学生拥有基本的美学修养，然后再产生准确的审美判断标准，能够在理论上指引审美的活动。

（3）须让学生的审美创造能力得到培养。发挥出人的创造性是建设完美人格的关键目标之一。人们在审美实践中，恪守美的准则、依据美的规律自主创造事物的能力就是审美创造能力。非凡的动手实践能力、丰富的想象力、身心的解放皆是美的创造力的来源。求变求新、活泼好动是学生的特征，美育须指引学生积极依据美的规律来美化客观世界、主观世界，运用美的尺度来引导、评价生活，同时，还应激励其创造热情。学校美育还应为学生构建创造美的平台，激励、指引其对美的创造热情，让其有充足的机会去展示自身的才华，有充沛的能力、志气去描绘自身、世界的未来。高校学生创造能力的培育、主体创造欲望的激励、完善自身人格的有效途径就是美育。

2. 乐中施教原则

能让人"乐"的教育才是美育。美可以激发人的情感，让感官得到愉悦的满足，人想要欣赏美，所以，乐于受教。不仅取决于审美对象，人们对于自身的力量、智慧的信任也是人们的审美愉悦性的起源。所以，进行美育活动时，受教育者经常处于愉悦的精神状态、心理状态，形成浓烈的感情经验，取得巨大的审美享受，该愉悦性是吸引人、引导人、教化人去参加美育、参加审美的关键因素。

在对高校学生进行美育时，应联系学生的审美特点，依照教育目的，因材施教地对其进行审美教育，将简单的生理愉悦变为浸透着理性的崇高情操的原则，就是美育中乐中施教原则。这样以乐促教、寓教于乐的教学方式即是审美教育的地利人和的优势。在进行美育时，须保持以美成人的美育乐中施教的准则，把形象教育、愉悦教育落实到教育的全过程中。

3. 潜移默化原则

美育的效果并非立见成效的，这是一个持久的培养过程；人格的培养也并非一举完成的，而是跟随一生的个体培养教育。"学校无小事，事事都育人"[①]，美育应该是学校全过程、全方位的教育，是大学育人的关键内容。所以，发展美育的过程，不可操之过急，应坚持耳濡目染的准则。美育在高校需要无处不在、无时不在，应让学生的习惯、品行、思想在日常生活、教育教学中，都能够悄无声息地受到感化、影响，在无形中发生变化的原则即是美育所实施的潜移默化原则。美育在实施中坚持潜移默化原则的含义有：第一，将美育贯穿、浸透到校园文化中；第二，将美育贯穿、浸透到教育全过程中。

（1）实现美育在教育过程中的渗透。在进行教育时，由教育活动中的所作所为至课堂内外的教育活动，由后勤至管理，由教学至教育，由教育环境布置至学校布局，皆体现在

---

① 董玲. 高校美育课程建设与艺术审美研究［M］. 北京：国家行政学院出版社，2018：98.

审美。为推进学生包括品格在内的全面发展，实现教育活动、教育目标、教育目的，发展所有学生的多方面的潜能教育，就是包含审美设计的教育。这需要形成受教育者完整人格修养的过程，同时，还须探索学生在教育活动时，所提升的审美情趣、发展的智力体力、获取的知识技能。学生在接受教育时美的感受会让其内心充满自由创造的愉悦，振奋精神，唯有如此的活动才能让学生主动参加、喜闻乐见。美育以情感人，能够让学生在轻快愉悦的气氛里，耳濡目染地接受美的浸染，让其在受到知识的过程中提高自身人格，让其在潜移默化中使人格得以塑造，取得和谐全面的成长。

学校美育是教育全过程的教育理念，同时，也是技能、知识、艺术的教育，它表现并浸入于所有教育全过程的教育方法、教育艺术，汇入了教育者的情感创造、人生体验，这是对教育技巧的凝华、领先。学校教育的详细教学内容，每一个活动它本身都是美好的、精彩的，让所有进行这项活动的人皆能够从中取得美的感受，用欣赏的态度参与其中，让教学活动能够变成特别的审美活动，让学生潜移默化地使人格得以丰富发展。

此外，美育还应浸入德智体美劳等全面的教育中。在体育方面，学校应积极提倡形体训练、运动的联结，艺术、科学的联结，健美、健康的联结，把体育当作提高审美水准的过程。体育重视过程的出色，这就需要有刻苦耐劳、克服困难、灵巧机智的精神，有富有节奏感的优雅、协调的动作以及健美的姿态，有互帮互助的品格，是对心理品质、个人意志、人格、精神、情操的磨炼。在智育方面，它与美育是相得益彰的，杰出的智商、丰富的科学文化知识，能够帮助学生创造表达美、鉴赏理解美、感受美，得到艺术上的修养。充足的形象、想象的思维能力能让学生产生优良的美感、审美情趣，体会到创造、劳动的快乐，让愉悦感充斥学生的学习生活。在进行德育时，须增强文明规范、时事教育、文体活动、实习实践、艺术鉴赏等内容、形式及过程，让德育拥有吸引力、弥漫愉悦的乐趣。劳动技能也需要美育。通过培养劳动技能，让学生拥有劳动技能知识，学以致用，然后培养其劳动习惯、劳动观念。

综上所述，美育在人才培养、高校教育时，须重视在教育全过程、全方位的潜移默化，同时，还应相对独立，发展学科特点，让其变成教育中的关键内容，变成浸入学校服务、管理、教育等各方面的综合教育。

（2）实施美育在校园文化中的贯穿。实施美育的关键途径就是校园文化，它色彩显著的特征、丰富的内涵在高等教育中施展着许多功能，对塑造学生的优良人格有着无可比拟的影响。

第一，须运用校园文化的审美性推进学生向往崇高的人格。因为，美育对推进学生向往崇高的人格起到教化作用。需要主动提倡、营建健康向上、推崇科学、团结友爱、求实创新的校园文化，让学生能够在这种氛围中感受到直觉体验与领略，融美于灵魂。主动宣传先进集体事迹、先进模范人物，充分发挥出教化人、勉励人的作用。通过优良的学校环境、学校风范，使教学科研生活得以满足，学生灵魂得以净化，学生思想情操得到熏陶。

第二，须通过丰富学生的审美体验，建立良好的校园环境，让学生时时刻刻都能受到美的教化。校园文化的载体就是校园环境。静谧干净的图书馆、宽阔明亮的教室、设施先进的实验室、绿树成荫的人行道、设备齐全开放的体育场地，以及文化底蕴丰富的人文景观，这些都会让人觉得心旷神怡。良好的校园环境对学生的活动、学习皆起着良好的影响。校园是学生长时间生活的乐园，也是教学的关键场地。如果在凌乱不堪的学校中学习，学生会寝食不安、心神不定；然而，在干净整洁的学校中学习，学生会每时每刻地感受到美的享受，接受着美的教化，熏陶美的情操。

4. 因材施教原则

因材施教原则在美育中表现在：依照学生的兴趣、性格、能力等实际情况，来对其推行不一样的美育，进而让学生的品格可以和谐、自由地发育。推进个体完整品格的建立必须尊重学生审美的个人倾向。由教育学的角度来看，个体身心智能差异的科学态度、对学生主体地位的完全尊重、对学生的未来发展留下一定空间，这些都是因材施教原则的体现。由教学教育角度来看，从学生的实际情况着手，对于不同学生的特点，因材施教地对其进行教育，让学生依据不同的方法、条件、渠道来获取最佳的教育效果。因材施教原则是契合学生品格发展规律的基本准则，同时，也反映了在教育中学生内心的发展规律。美育，以美成人，因材施教的原则可从以下三点来落实：

（1）从实际出发进行美育，定位准确。教师在对学生美育之前，应熟悉学生，学生擅长于哪方面，哪方面又比较薄弱，教师都应该熟悉，还应对学生的审美认识水平有正确的定位。辅助其认知自身的胜势，熟悉自身的审美状况，进而，让学生的积极性得到调动，协助其增强自信心。

（2）教师须对学生的个性特点，策划出最佳计划，让学生的性格获得充分的发展。在美育时，教师应全面熟悉不同学生的不同身体状况、兴趣、爱好，及学生的接受能力、一般知识水平，方便教师从现实出发，策划出不同性格的学生发展的最佳计划，扬长避短，让教师能够指向性地进行美育。

（3）教师须鼓舞学生的学习兴趣，准确看待学生的个别差异。美育应以美成人，须完全理解学生的才华、爱好、需求，让学生在美育时，能够探索到最擅长、最喜爱的领域，还能在该领域中继续探索。这个过程中，教育须对学生有着高度的熟悉程度，尽可能地把握其爱好所在，随时找准时机鼓舞指引学生，来加强其学习的自信心，让学生的自我美育主动性得以提升，真正的教育，必须是能够勉励学生去进行自我教育的教育。在美育的时候，要想学生的审美能力得到提升，培育其审美兴趣，则必须严谨落实因材施教的准则，进而能够让学生的个性得到全面发展，健全学生的和谐人格。

二、高校学生美育教育的内容与方法

（一）高校学生美育教育的内容

在深化高等教育改革的时代背景下，受教育者获得了学校提供的更自由的学术空间和更开放的学习氛围，主要表现在学生拥有了更大的自由来选择学习内容的时间和空间。同时，得益于现代信息化社会的迅速发展，学生也会充分利用各种途径来挖掘美育信息。因此，审美教育若想实现长远发展目标，就必须在坚定审美教育目标的方向下，尽快完善自身的教育内容以满足大学生不断变化的审美需求。

1. 美育教育内容的分类

近年来，越来越多的美育工作者开始积极探索美育教学方法，并在美育内容的选择上越来越倾向于适应时代发展需要和理想人格培养，同时，在高等教育理论研究与实践方面进行了很多大胆创新尝试，这些重大举措在提升当代大学生的综合素养，推动美育工作的健康、和谐、可持续发展以及适应素质教育方面发挥了重要作用。现阶段而言，美育教育课程大致可以划分为以下方面：

（1）根据教育范围进行分类，一般可包括家庭美育、社会美育和学校美育三个方面。第一，家庭是人生的起点，也是美育的起点，应该把家庭日常生活看作一种教育，从这里找到家庭美育实施的途径。第二，社会美育的领域极为广泛：影剧院的演出，电视、广播中的节目，音乐厅、展览馆、博物馆、文化宫、俱乐部、体育场、游泳池、图书馆以及生活环境的美化，风景游览区的开发，名胜古迹的整修，还有商店橱窗的布置，路边广告的设计，这些都可以作为社会美育的工具和场所，成为社会美育的组成部分。第三，学校美育是对大学生进行人格养成教育的有效途径。基于学校本身"教书育人"的基本功能，在大学校园中通过实施美育来促进大学生理想人格养成和思想素质提升均有着相对便利的环境条件。

（2）根据性质进行分类。按照美育内容性质不同可以划分为自然美育、艺术美育、人生美育三个大类。第一，自然美是最原始也是最贴近人类生活的美，它就蕴藏在大自然之中。第二，艺术美育是现实美的凝练和集中，它包括音乐艺术美、美术艺术美、影视艺术美、文学艺术美和环境艺术美等。第三，人生美育也是审美教育的重要组成部分，人有心灵美、形体美，有属于人与人之间的语言美、服饰美，有属于群体活动的环境美、人情美。

2. 美育教育内容的维度

（1）审美认知教育维度。审美活动的本质其实是对客观存在的整体认知，所谓审美认知，由感知、判断、推测和评价等审美心理活动构成，它是在现有的审美认知水平下，鉴赏和认知审美情境及构成审美关系的审美主体与审美客体的过程。

总体而言，审美认知教育针对的是审美活动的认知过程和接受过程，是以输入、编码、转化、储存、提取运用等方式对审美信息进行加工整合的活动。若以审美心理学的视角来看，审美认知教育的目的在于建立教育者的审美心理认知结构，并通过审美活动中形成的这种认知结构来支配未来的审美活动。审美教育活动是一个复杂的活动过程，主要可分为把握了解审美理论知识、加工处理审美信息、控制审美活动心理机制等阶段。作为个体进行审美活动的重要步骤，审美认知教育实现了对审美信息的获取和运用，在培养学生正确的审美感受和审美意识方面发挥了重要影响力。因此，在审美教育活动设计过程中，可以从以下方面进行完善：

（1）注重系列性、层次性的审美基础知识教育。现阶段而言，审美教育的正常开展遇到了一定程度的阻碍，主要表现在：①现阶段学校开展的审美教育侧重于艺术教育，在内容的设计上更加凸显专业审美技能的提升与发展，智育仍然是衡量教学效果的标准；②审美教育、艺术教育、美学教育之间的界限不明确，审美教育课程设置只停留在艺术专业必修课和非艺术专业选修课。针对此类问题，审美教育不得不进行新的发展路径的探索与尝试，其中最为关键的一点就是要改变传统教学侧重美学基本理论的讲解与灌输的方式，在此基础上将美学原理与审美实践活动统一起来，使美学教学内容类型更多样、层次更丰富，这样一来，不仅传播了美学基本理论，同时也培养了学生的美学素养。

具体而言，美育教育应做到三方面工作：第一，以美学基本理论教学为前提，引导学生建立美学体系，让学生体会美的概念、审美的意义和方法等，进而指导学生开展审美实践；第二，将个人在生活经验中培养起来的审美感知，与具体艺术形式的欣赏、各艺术门类的了解等结合起来，从而使学生用更客观、更综合性、更多层次的视角和心态去感知绘画、雕塑、影视、戏剧、建筑、音乐、舞蹈等艺术样式的审美特质；第三，实现审美教育向其他类别科学教育活动的渗透，在教育内容上用自然美、社会美、科学美等审美对象的提升来加以完善，并升华到人格审美的境界。

（2）加强对传统文化的审美引导。中华上下五千年，先辈的辛劳汗水积淀了浓厚的传统文化和传统品德，这些优良历史沉淀彰显出了浓郁的社会美和人情美。从古至今，人类历史上诞生了四大文明——两河流域文明、埃及文明、印度文明、中华文明，随着历史变迁，有的文明湮没在了历史长河中，唯有中华文明不断被丰富、不断向前发展，这种持续发展性从侧面印证了中华文明存在的合理性和强大的生命力。

审美教育中融入优秀传统文化元素是人格养成的先在性和历史继承性的内在要求，只有不断提升审美教育的传统文化性才能不断完善审美教育的真正内涵，才能让审美教育更具审美价值。我国传统文化是民族精神的凝结，是培养当代人的优良品格、道德修养的精神财富，大学生人格教育的重要内容就体现在对中国传统文化教育价值的肯定以及对优秀文化传统的弘扬上。

3. 审美情感教育的维度

所谓审美情感，是指审美主体对客观存在的美的体验和态度，它是人类的一种高级情感，贯穿于审美活动始终，而审美情感教育是一个综合的概念，包括审美关爱教育、审美理想教育和审美修养教育等。在审美实践活动中，审美情感从审美主体的实践活动中而来，同时又对审美实践具有能动的反作用，既指引其开展审美活动，又使其活动沿着规范化方向发展。

（1）审美关爱教育。根据马斯洛的需求层次理论，人的需要大致可以分为两大类：物质需要和精神需要。而在审美活动中，人们通过对事物的鉴赏所获得的审美情感其实是一种精神需求的满足。不同于一般的审美认知教育对实用功利目的的侧重，审美关爱教育关注人的精神需求，以及人格与审美情感的契合度。因此，在审美教育过程中，教育者要实现的首要目标就是培养大学生的关爱心、真诚心，使中国传统优良文化中的"仁"在当代大学生身上和人格上得到很好的实践。

当代学校审美教育的重点和难点在于如何发展和建设学校美育。就部分高校的尝试而言，大概包括两方面：一是组织多种多样的社会实践志愿服务活动，如爱心敬老、爱心助残、爱心募捐、社区公益等，在这种公益性质的社会活动中，学生不仅可以培养自身的优良思想素养，同时可以获得独特的情感体验与情感共鸣；二是充分利用学校的美育课堂，让大学生的高尚人格在和谐的学校氛围、优良的学校文化等的熏陶与引导下得以沉淀。总而言之，大学生的人格养成是大学教育的核心内容，要坚定培养大学生的审美情感方向，在多种样式的社会实践活动中，引导大学生关爱家人、关爱同学、关爱师长、关爱其他社会成员，以高尚的思想道德、良好的行为习惯、积极的团队合作意识投身社会活动。同时，在日积月累的实践过程中，将这种具体的行动上升为精神境界和人格品行，即促使大学生树立关爱意识、团队意识，从而健全当代大学生的自我修养。

（2）审美理想教育。审美理想是人的审美意识最高层次的体现，是人们对于美的最高要求和愿望，它以审美经验为基础，并以此为出发点进行了高度凝练与总结。意识来源于实践，并对实践有能动反作用，作为意识层面的最高审美体验呈现，审美理想同样源于社会实践，是人类在从事社会生产过程中从现实中进行思考、从思考中产生理想、从实践中实现理想的过程中概括出的共同愿望。同时也由于这种在审美经验基础上的升华，决定了审美理想与一般理想信念的不同之处，即审美理想具有一般逻辑概念所替代不了的地位和有经验性的形象特征。但是，审美理想的表现要通过以审美理想来反映现实的艺术媒介来实现，只有这样，才能赋予审美理想"物质化"的属性，才能为社会大众所接受。

从表现状态的角度来看，审美理想这种审美经验和艺术直觉主要潜藏在审美主体的内心，并不是外化于形的逻辑状态。这一点上，审美理想在确定审美主体、开展审美实践、评价审美实践方面发挥了方向性、指导性和基础性作用。培养当代大学生积极向上的审美理想之所以具有重要意义，就在于审美理想对审美认知具有深远的影响力，是衡量审美认知的重要标尺，而科学审美理想的建立与培养对大学生健全人格建立的意义就在于它对认知活动的导向性作用，即引导认知活动朝着审美理想的标准和方向进行。

（3）审美修养教育。"修养"是人的道德品质、综合素养、外表形象、知识水平与能力等多方面的统一体，审美修养教育是将审美教育与受教育者审美心理结构的搭建进行有目的、有意识地融合和转变的过程，即由审美他育转变为审美自育。因此，审美修养教育是审美教育所预期实现的一个重要目标。我国的审美修养教育自推行以来，就拥有坚实的文化基础和现实影响力，并且在众多美学思想家的不同审美教育理念的指引下，对于提升大学生的个人修养发挥了重要作用。

审美情感教育的内容就是要为学生自我形象修养、内在气质修养的培养，以及正确的审美修养标准的认同感培养提供科学的方向和方法引导，并在对审美修养标准的认同感作用下完善自身行为，形成具有人格的审美影响力。在审美修养的培养方面，不同于德育以强制性的道德观念灌输来使学生获得某种道德标准，审美教育以对个体个性的尊重为出发点，特别强调氛围对学生审美修养的潜在影响和激发学生主动培养自身修养的积极性，以此为基础，不断改善自身行为，提升精神境界，在散发独特魅力的同时，收获大众的认可与尊重。

4. 审美实践教育的维度

审美实践教育的方向在于促进完整人格的形成，这一方向实现的途径就是以对感性的发展来推动其向审美情感教育的转变。感性是美育的起点，具有现实性和艺术性双重属性。感性发展的层次同样有两方面的体现：一是满足与解放感性要求；二是提升与塑造感性。与之相对应，审美实践教育也包括主体的审美体验和审美创造等内容。从本质上而言，审美实践其实是人的实践活动，这种自主实践以最直接、最集中的方式将美的内涵进行了展现，并以对自由的体验自主进行审美创造。作为功利与超功利的统一结合体，审美实践教育既体现了美的无功利性，又体现了美的功利性，即实现人格养成。

从生命的角度而言，人的生命具有自然性，人在生活与社会活动过程中会萌发自然需要与内心欲望。但是，人的感性生命会在人类进化中被理性所规范，进而成为社会文化的内容，赋予感性生命更多的内涵。因此，人们通常说的"人的感性能力"其实是一种社会人的感性能力，即这种感性能力体现着认知力、理解力、判断力等理性要素。

审美教育的过程是以审美形式使人的感性得到解放、人的文化得到提升，从而使深层心理活动的非理性因素得到激发。在审美实践教育过程中，要坚持两个基本原则：一是以学生的基本感性需要得到满足为出发点；二是以学生的感性能力提升为落脚点。这两个基本原则之间存在着密切的联系，感性需要的满足要以感性能力的提升为前提，感性能力的提升可以满足学生的感性需求，同时激发学生更多、更高层次的感性需求。现阶段我国的美育实践侧重于对学生实践理论的教学，而对学生的审美需要、兴趣和个性的关注度尚显不足，进而导致学生的感性需求得不到满足，学生的感性能力得不到显著提升。当这种情况在现实中发生时，学生为了自身感性需求的满足和感性能力的提升，不得不寻求校外帮助，因而学生的感性能力会带有一定程度的大众审美倾向。但大众审美对缺乏感性能力的学生的影响具有明显的消极色彩，例如，对个人主观情感抒发的过分强调等，最终导致了学生在理性思考和把握自然、艺术、人生等方面的失衡。

发展学生的感性能力是学校美育实践的首要任务，要达成这一目标，首先的一点就是要依托于直观的审美形式，尊重学生的个性发展。之所以要坚持这一根本方向，主要是因为感性与个性是相互联系的内在统一体，没有个性，感性便无从谈起，而直观的审美形式是人的感性因素得到充分自由表达的窗口，换言之，只有做到这两点，人的感性才具备了培养、发展的条件。具体而言，通过美育实践促进人的感性发展要做到以下方面：

（1）尊重和培养个性。在美育中非常重要的一点在于，要建立美育与现实生活和历史具体的个体之间的联系，也就是将感性融入美育过程。这是因为，感性是个性的一部分，美育作为一种感性教育，其最基本的宗旨就是尊重和发展学生的感性，也就是尊重和发展学生的个性。概括而言，审美教育是尊重、建构、强化学生个性的本体意义的最重要和效果最明显的选择，这也是美育区别于德育、智育的重要内容。因为，相对于美育，德育强调的是适应于大多数人的道德规范，这种规范的建立在于指导人的个性建立的实践；而智育从根本上尊重和保护个体对未知世界的好奇心和探索欲，尽管如此，不同个体所呈现出的不同的对于这个世界的把握都将与客观存在的某一真理相贴合、相联系，或者相一致。

作为一项感性活动，在审美主体和审美对象的选择上，审美都十分强调个性化、具体化、生动化的眼光、感受、体验、直觉与洞察。

（2）尊重学生感性需要，完善学生感性机能。人的感性机能是人们开展艺术审美活动、获得审美感受的重要媒介，是以情感为核心，又超出情感体验的能力，既包括感官层面的机能，如感觉、知觉等，又体现在情感体验层面，如想象、情感等。感性是一个包括心理和生理两方面内容的综合概念，在感性教育层面，其教育核心诚然表现为心理机能的完善，但是生理机能的完善仍旧是其最重要的组成部分。这是因为，健全完善的生理机能是人们开展一切社会活动和实践活动的基础，在人们进行艺术审美实践方面发挥着不可或缺的核心作用。从这个角度来看，在开展艺术审美活动时，要重视对人的生理机能的完善，尊重学生的感性需要，凸显人性和人格关怀。

（3）形成良好的审美趣味和审美观念。相对于理性教育对逻辑结论的侧重，感性教育重点在于把握对象内蕴。但现阶段我国的教育现状是智慧教育占据绝对的主导地位，在这种教育模式影响下，人们看待世界的方式是通过概念和推理，而从实践和体验中获取对世界的直观感知相对要薄弱许多。事实上，这种直观获取对世界的整体感知的方式，要比从概念获得的内容更具体、意识更丰富、影响更深远。这种感性教育在人们用单一的理性认识来感知世界的环境下具有一定的必然性，感性认识的培养和感性认识的直观作用发挥越发显得重要。基于此，可以将美育的实质理解为一种感性教育。

（二）高校学生美育教育的方法

高校学生的美育教育，要将美育教育向以美成人的方向去发展，通过实践、知识、环境、情感以及自我教育等方面共同作用，打造出更符合现代教育理念的美育教育。高校学生美育教育的方法包括以下内容：

1. 知识传授法

美育教育当中，常见的授课形式是通过课堂教学的方式，这也是目前高校教育当中最常用的方法。除了课堂教学方法以外，也有其他一些知识传授的方式。例如，学习宣传法和知识讲授法。学习宣传法，就是通过各种舆论和传媒的方式，将美学知识传递给学生，通过给学生们开展专题讲座，来让一些知名的专家为学生们传达美的思想，并且在讲座中引发学生们的思考与讨论。这种教学方法覆盖面广，具有很强的影响力，同时系统性的教学不但能够影响学生，而且能够为学生们创造一个良好的环境，让学生们自主地参与到学习中去。除此之外，知识讲授法也是一个常用的方法，通过教育者口头传授向学生传递美学相关理论知识，这种方法十分常见。知识讲授法运用过程当中需要注意：教育者所传递的教学内容要十分准确，对于知识的讲解需要系统又全面，并且具有科学性，在传授理论知识的同时，也需要注重实践的结合，通过循序渐进地启发和引导，让学生们有层次地学习。

除此之外，知识传授有一些特征，例如，具有直接性，在教育者教学过程中，教育者首先是能够接受教育的，并且在教学之前教育者与受教育者两方都需要明确教育的开展，这样才能有效实现教育目标；其次还具有系统性，教育者实行审美教育，是一个长期的过程，受教育群体需要在相对固定的时间地点接受教育，这就需要教育者对教育内容有步骤、有目的、有计划地展开，根据受教育者接受的能力阶段进行不同时期的教育；最后还有易普及性，一般意义上来看，知识传授只需要有一两名专业的教育者，就足够对数百名受教育者进行教学活动了，覆盖面十分广阔。

教师在课堂上开展美育，不仅要将传统的理论知识传授给学生，同时也要引导学生们对于审美的起源和本质进行探索，正确看待审美的价值和规律，掌握基本创造美的方法。日常学习生活当中，学生们也需要亲自去感受和创造人与自然的美，并且学会有意识地自我鉴别，对美产生正确的评价。例如，"社会美"就可以让学生们主动地与自己对照，找出差距与完善的目标，让自己处在一个合适的定位中重新审视自我并完善自我。美的认知需要感性多于理性，所以美与丑不一定有明确的界限。从理性上让学生们认识到美的规律与本质，并且通过一些艺术常识，提高学生们的审美能力，让学生们在学习了一些理论知识之后能够实践运用到生活与学习中，提升自己的审美能力，同时也能够让学生的人格全方面发展。

2. 实践体验法

实践方法在美育教育教学中表现在高校组织的各种审美实践活动中，审美实践活动是最基本的能够提升审美能力的方式之一，也是一个客观改变世界，从而影响主观精神世界的过程。实践活动分为劳动实践、校园活动以及参观访问等。

在实践活动过程中，学生们通过亲身经历逐渐形成美的认知，在潜移默化的体验过程中提升创造美和审美能力，亲身的实践能够从思想意识、感官体验、情感等层面认识到，价值与意义的事件，形成独特的美的认知，让身心得到和谐发展。体验能够超越理性，让人感知到生命中的情调和生命力，在精神上让人得到满足。

以美成人的实践体验能够让学生在体验过程中感受到心理上的变化，实践需要亲身体验，能记录学生们的心路历程，体验需要通过行动与意识互相统一结合，产生综合的反应，实践之后的感受和体验能够通过人的内化与主体化，成为精神上的养料。

以美成人理念当中，实践体验是一种十分重要的教育方式。学生们通过实践活动可以在审美上将已掌握的理论知识进行应用，同时也可以在实践中获得新的感受和体验，这可以从客观和主观两个层面增强美育理论的成果，让审美达到新的高度。

美育实践的过程当中需要注意遵循一些原则：就是先要建立一个有效的机制，让实践与认知这两个层面能够更灵活地互相配合，从而形成一种长效的机制。大学生的审美过程是有波动性的，通过一次的实践活动，不可能立即提升学生们的审美能力，所以应该通过这种长效机制为大学生们创造更多的实践体验活动，再根据新的问题和形势灵活地将活动形式进行转变，逐步提高审美和创造能力。同时也要通过引导来加强实践体验活动的效果。如果仅仅让学生在形式上参与体验活动，这就容易流于表面，而没有达到实际的教育效果。所以在实践体验活动中需要受教育者受到一些引导。例如提前制订体验计划，根据审美现状，制定相对应的体验方式，如需要记录和观察学生体验过程中的感受，通过提供一些理论知识和参考对象，让学生们在思想和情感上产生共鸣，在体验活动中达到审美教育的目的。

3. 环境熏陶法

环境熏陶法是指通过美的事物和美的文化，形成一个美的环境，在受教育者没有意识的前提下，潜移默化地让他们感受到美的熏陶，逐渐形成美的意识形态。

大学生们正处于一个思想活跃的阶段，他们身上有许多可以开发的潜质，例如他们具有诗人的品格、容易被激发起的情感以及浪漫主义气息。同时，他们又有一定的文化知识基础，如果在他们的生活环境中创造美的事物，让美与他们的生活紧密关联。这样就能够让他们在熟悉的生活中不断地被美熏陶和感染，让美育教育事半功倍。大学生生活在校园中，如果学校具有良好的人文气息和审美精神，那么这将是对大学生的审美教育十分有利的。由此可见，以美成人的美育教育想要得到更好的教育效果，那么校园是一个重要的载体。

大学生的素质教育和健康成长都离不开一个良好的校园环境。一个良好的校园环境能够让学生们感受到身心愉悦，同时也能够潜移默化地提升他们的审美格调。这种环境熏陶具有强大的教育力量。校园环境包括校园绿化、配套设施、建筑等方面。例如建立一个绿树婆娑的校园环境、与校园文化相适应的建筑构造、干净整洁的空间等，都是能够让学生们体验和感受校园文化的方式。

同时，校园文化活动也能够为学生增强审美教育的心理体验。校园组织的各种活动，例如演讲、社团、兴趣小组、读书会等方面活动，都是可以让学生们通过这些活动感受到美的感染力，从而震撼到他们的心灵陶冶学生们的情操，逐渐增强他们对真善美的理解。学校可以通过一种民主的管理制度，建立良好的校风和和谐的人际关系，再通过丰富多彩的校园文化活动，打造良好的校园文化氛围，让学生们在良好的环境中健康成长，潜移默化地在思想和行动上受到校园的熏陶，建立起完善的人格和全面综合发展。

环境熏陶也需要注意：首先是在形式上要举办一些具有感染力和吸引力的活动，让学生们产生共鸣，这样喜闻乐见的形式才能够达到教育目的；其次也要注重学生的主体性，不但要通过正确的鼓励引导让他们主动参与各类文化活动，同时也要让他们可以主动进行创作，让他们在参与活动中感受到美的力量。

4. 情感共鸣法

情感共鸣法是教师在美育教育的过程中把自己的情感融入课堂，从而让学生们产生情感的共鸣，这是一种通过教师的能力来传授知识，提高学生的觉悟能力，让学生们逐渐养成完善的人格的教育方法。这种方式非常注重受教育对象的情感激发，美育教育就是一个把客观对象逐渐内化为情感的过程，所以情感的熏陶和调动是十分重要的。

找到与学生情感共鸣的方式就需要坚持情理交融的原则，教育者在审美教育过程当中，需要通过激发人们的美好情操和积极进取的情感来达到审美教育目标，这种情感是积极向上的。注重学生们的精神进步启发他们的理性思考，有助于他们树立正确的人生观、世界观、价值观。

因为大学生在参加审美活动时，具有一定的情感性，所以在培育过程中，一定要注意情感的教育。例如在教学手段、过程、氛围、语言这四个方面都可以注重情感因素的设置，通过设立一个愉悦的教育环境，让学生们在温馨愉快的气氛中进行审美能力的学习和提升；在教学过程中，让学生们独立主动地参与到教学中去，有意识地让学生们去感受美和接受美；教学语言上，可以用生动形象的语言，让学生们感受到情感，通过语言的艺术，让学生们接受美的知识，提升美的能力；在教学手段上，可以采用多样化的手段，提升学生的学习兴趣，如设置辩论、竞赛、参观等活动，让学生们产生浓厚的兴趣，积极主动地参与到教学过程中去，产生良好的教学效果。

三、高校学生美育教育中宿舍社区化管理

"宿舍社区的定位是以宿舍为空间载体、变管理为服务的第二课堂，倡导学生自我服务，开展各类特色社区活动的育人实践平台。宿舍社区的建设总目标是实现学生美育、德育、思想政治教育等学生工作体系的阵地转移。"[①] 宿舍社区化管理模式下高校学生美育教育创新路径如下：

---

① 王玉明，孙媛媛. 宿舍社区化管理模式与大学生美育创新 [J]. 文教资料，2021，(11)：180.

（一）提升宿舍社区文化美育功能

宿舍社区文化是校园文化的重要组成部分，是以"校园精神"为主要特征的群体文化，主要包括物质文化、精神文化及制度文化三个方面，美的社区文化环境、丰富多彩的社区文化活动可以净化学生的心灵，提高学生的道德修养，使学生沉浸其中并感到身心愉悦。

1. 提升宿舍社区物质环境

宿舍社区是大学生除课堂之外最主要的聚集地，优美舒服的社区环境可以潜移默化地让学生受到美的教育。高校要加强社区物质环境的建设，以宿舍社区建设为契机，建设社区便民美发店、超市、心理驿站、书香小屋、美育工作室等，把宿舍社区打造成为集生活学习、休闲娱乐、审美教育、德育教育、思想政治教育等功能于一体的青年社区，提高宿舍社区物质环境的美育能力。

2. 提升宿舍社区制度文化

宿舍社区制度建设是社区文化健康发展的重要保障，是依法治校、以规治校的必然要求。高校要根据宿舍社区化管理模式建设需求，更新制定《宿舍社区实施细则》《文明宿舍评比办法》《社区安全管理细则》等规章制度，把美育教育、安全管理、学生评优评奖等结合起来，做到管理有依据、奖惩有章法，充分发挥社区制度文化的约束及激励功能，同时通过间接的方式提高学生的审美能力，推动美育。例如，根据《文明宿舍评比办法》要求，宿舍成员轮流打扫宿舍卫生，整理宿舍内务，这样在引导学生创造良好的宿舍环境的同时培养学生自我服务及呵护美的意识，提高学生的审美能力及创造美的能力。

3. 用先进文化主导宿舍社区文化

高校在宿舍社区文化建设中，要始终坚持以体现时代精神的先进文化为主导，熏陶感染社区青年学生树立正确的人生观、价值观，提高学生的综合素养，陶冶道德情操。首先，可以利用类似"我爱我家""学工在线"等微信公众平台，用先进文化抢占网络空间高地，提高学生的审美情趣；其次，积极推行思政教师、班主任、辅导员等进社区制度，定期对社区青年学生开展思想政治教育；最后，在宿舍社区开展各类学生喜闻乐见的社团活动，例如，利用"美育工作室"格调高雅的零基础油画创作、插花等活动提高大学生的美学素养。

（二）发挥宿舍社区艺术社团育人优势

1. 创新运营模式，构建宿舍社区精品艺术社团

社区化管理模式下学生社团归各社区负责运营，这种运营模式的创新有利于破除传统模式下二级学院各自管理社团的不足，学生可以根据兴趣爱好在本社区跨专业、跨年级自由设立社团，这种新型的社团管理架构不仅精练高效，还实现了社团活动的各专业融合，符合高校学分制教学的实施理念。宿舍社区化管理模式下的社团设立及运营应该将理论创新与顶层设计摆在重要位置，突出自身优势并结合特点，以服务学生需求为导向，集中力量打造一批学生参与度高、社团特色显著的精品艺术社团，优化宿舍社区社团的美育功能。

2. 重视长效管理，完善宿舍社区艺术社团管理机制

长效管理机制是实现宿舍社区艺术社团可持续发展的机制保障，首先，要加强社区艺术社团的组织架构建设，使社团成员年级、专业、特长分布合理，让年级高、技能强的学生担任社团干部，同时注重低年级后备人才的培养；其次，完善艺术社团的投入机制，在美育功能强、育人效果好精品社团上投入更多的人、财、物；最后，优化艺术社团的激励机制，对积极参与社团活动的学生在评奖评优、学分认定方面予以侧重，同时将教师指导艺术社团给予绩效体现，提高教师的参与度。

3. 以美育德，让学生在宿舍社团美育实践中锤炼本领

宿舍社区艺术社团的美育实践弥补了美育必修课的不足，使学生的审美素养、实践能力在第二课堂得到锤炼。以苏州工业园区服务外包职业学院探微社区美育工作室为例，美育工作室"零基础油画"项目旨在培养大学生人际交往能力和审美素养，通过非艺术专业学生选修、艺术专业教师专业指导等方式，让非艺术专业学生了解油画的创作过程，学会欣赏绘画作品，提高学生人际交往能力。这种美育实践活动实现了德育教育的审美化改造，体现了高校德育、美育工作的有机统一。

（三）强化宿舍社区的美育通识教育

宿舍社区模式下的美育通识课程归宿舍社区管理，而不是传统模式下的教学单位管理，这种管理模式的创新为美育通识课程的设置提供了更多的可能性。美育是非功利的通识教育，高校要以学生需求为导向，充分利用宿舍社区创新平台，将美育通识课程纳入宿舍社区必修课程，同时注重多学科交叉的美育教育体系，使学生得到更多的美育机会并拥

有更开阔的艺术视野。

我国拥有丰富的非物质文化遗产资源，高校要深入挖掘当地非物质文化遗产资源，结合校情在宿舍区构建体系，对突破传统大学生美育教育意义重大。例如，苏州地区高校可以深入挖掘苏绣、核雕、昆曲、评弹、苏扇、玉雕、御窑金砖、桃花坞木刻年画等资源，在宿舍社区成立"非遗大师工作室"，开展苏州园林绘画写生等活动，让学生体验传统手工艺制作流程和审美特点，培养大学生的工匠精神、审美能力及创造美的能力。

第四节 高校学生心理健康教育的管理创新

高校学生在心理上会有些许困惑和问题，这时心理健康教育就可以为学生传输正确的心理健康知识，帮助学生解答生活、学习、交友以及恋爱等相关方面的疑惑，让学生可以进行自我调节，不让心理问题发展为心理疾病，让学生的身心健康得到良好的发展，高校学生心理健康的管理变得尤为重要。

一、高校学生心理健康教育的管理重要性

第一，有助于提高学生的综合素质。对当代高校学生而言，不仅要具备专业的知识体系，还要拥有强健的体魄、健全的人格，进而保障高校学生未来顺利实现就业，积极面对人生中的各类经历与遭遇。进行心理健康教育有助于促进学生智力水平的提高，有助于提升高校学生的心理素质，进而提升其综合素质。

第二，有利于使学生更独立。进入大学是高校学生的一个重要转折点，学生进入一个全新的领域，对高校学生而言，这是一个成长和独立地过程，在学校中，对学生进行健康教育可以让学生减少对父母的依赖，从而更加独立的面对生活和学习，要主动适应环境，根据学院的规定参与学习和各项活动，时刻约束自己的行为，顺利地度过大学时光。

第三，有助于为学生奠定坚实的心理基础。心理素质也是高校学生的职业素质之一，是高校学生顺利实现就业的一种能力和素质，高校中心理健康教育可以培养学生自信、自律的品格，多次参与社会实践会提高学生的创新实践能力，在复杂的环境中学生要找到适合自己的发展道路，进而为未来奠定一定基础。

二、高校学生心理健康教育中自我意识管理

自我意识的确立是高校学生心理发展的重要标志之一，对于校学生形成健全的人格起

着重要作用。高校学生了解自我意识的基本知识，有利于正确认识和评价自身生理和心理状态，有利于正确认识和评价自己与周围的关系，从而树立自信，促进自我心理保健。

自我意识就是自我认识，是个体对自己及其与周围环境关系的认识、体验和调控。自我意识是人的意识发展的最高阶段。自我意识就是主体我对客体我的主观认识、体验和调控，是个体对自己多方面知觉的总和。人的自我意识不是生来就有的，它是个体在社会化过程中慢慢形成和发展起来的，是人类特有的心理机能，是人区别于动物的重要标志之一。个体自我意识充分协调发展，对其社会实践活动起着重要的调适作用。如果一个人对自我认识不清晰、不精确，自知力不强，易导致误判自我，从而造成诸多心理问题或人格障碍。正确的自我认知，会使人更加积极上进，富有自信和幸福感。

（一）高校学生自我意识的划分

自我意识是一个包含认识、情感、意志等多种心理机能的完整的、多维度的、多层次的心理系统，按照不同的划分标准，可以被分为不同的"我"。

1. 按照内容划分

按照内容进行划分，自我意识分为生理自我、社会自我和心理自我。

（1）生理自我又称物质自我，是自我意识最原始的形态，指个体对自己身体以及客观环境中属于自己的那一部分物质的认识，具体表现为个体对他物的占有感、对他人的支配感以及对自己躯体的爱护感。个体刚刚出生时无法将自己与外部世界区分开来，尚不具备生理自我。但随着年龄的增长和智力的发展，个体在八个月左右开始产生自我意识，并在三岁左右完全实现个体与外部世界的区分。大学期间，个体对自己的身体及其变化特别关注，常常伴随着强烈的自我评价和丰富的自我体验。

（2）社会自我是指个体对自己、对他人所关注的反应。例如对自己的家庭出身、社会关系、社会地位、社会责任和社会义务等的认识。在高校中，多数高校学生都重视社会自我，非常关心"别人是怎么看待我的""我在同学中是否有威望""别人是否尊重我"等问题。

（3）心理自我也称精神自我，指的是个体对其心理活动的感知，即个体能够感知调节自己的心理活动的过程、状态和特征，例如对自己智力、情感、意志、态度、气质、性格等的认识。心理自我是自我意识的核心内容。

高校学生对自己的生理的、社会的、心理的种种意识，往往是紧密联系在一起来进行的。因此，每个高校学生都有独特的对自己的认识形式和内容。

2. 按照形式划分

按照形式进行划分，自我意识分为自我认知、自我体验、自我调控等。自我认知包括：对自己的身体、外貌、衣着、风度等的认识；对自己的身体、外貌、衣着、风度等的认识；对自己的智力、性格、气质、兴趣、能力、记忆、思维等特点的认识。自我体验包括：英俊、漂亮、有吸引力、自我悦纳等；自尊、自信、自爱、自豪、自卑、自怜、自恋、自责等；有能力、聪明、优雅、敏感、迟钝、感情丰富、细腻等。自我调控包括：追求身体的外表、物质欲望的满足，维持家庭的利益等；追求名誉地位，与他人竞争，争取得到他人的好感等；追求信仰，注意行为符合社会规范，要求智慧与能力的发展。

（二）高校学生自我意识发展特性

高校学生的自我意识在经历了分化、矛盾和统一后逐渐走向成熟，在整个发展过程中呈现出许多新的特点。下面将从自我认知、自我体验和自我调控三个方面来看高校学生自我意识发展的特性。

1. 自我认知特性

（1）全面性。大学阶段，高校学生们对自己的认识发生了很大的改变，他们开始关注自己的身体、容貌、衣着等外在东西，注重自己的心理品质和能力特长，如自信、乐观、富有创造力、兴趣特长等内在修养。同时随着年龄的增长开始关注同伴、老师对自己的评价和看法，对社会角色、社会地位、社会担当有了更多的需求。越来越多的高校学生参与到社会公益活动中，积极做志愿服务工作，他们走进大山义务支教，走访敬老院看望孤寡老人，为社会公益事业贡献自己的力量。

（2）内隐性。高校学生的自我认识开始趋向内部世界，他们不再像中学时代率直、外露，他们有了更多的自己的秘密，会把自己的内心世界以日记的方式表达出来或埋在心底。他们开始需要独处的时间和空间，开始思考中学时代不曾想过的问题。同时，他们会有意无意地将自己的缺点隐藏起来。

（3）自觉性。大学是高校学生自我审视和人生思考最活跃的阶段，学习期间，他们遇到了许多深刻的课题：将成为一个怎样的人；以后的职业生涯如何设计和发展；最擅长做的事情等。处在人生发展转折期的高校学生，总是急切地思考着这些问题，强烈地期待着一个满意的答案。这种思考比少年时期更主动、更自觉，具有较高水平。

2. 自我体验特性

（1）丰富性。高校学生的自我体验与自我认知一样，也具有丰富性。例如，当同学们通过比较难的考试，或取得某项职业资格证书，或在某个活动中取得傲人的成绩时，其成就感和自豪感便油然而生；但当他们意识到自己某些能力较差时，也会有自卑和自惭的体验。一般而言，在自我体验方面，男生比女生更有自信心、更富有活力，但容易急躁；而女生则更热情、内心舒畅感更明显，但容易多愁善感。

（2）波动性。自我体验的波动性是高校学生自我意识的必然规律，大学期间是个体一生发展的重要时期，在这个时期，高校学生们虽然生理趋向成熟，但心理还处于发展时期，加上当今经济社会发展不平衡，网络信息高度发达，社会价值观多样，人才竞争激烈，就业问题日益突出等，这些外界种种复杂的刺激使高校学生们应接不暇。所有这些都造成青年情绪上的不稳定，他们可能因一时的成功而信心百倍，富有前进的激情，也可能因为一时的失败而产生自卑心理。

（3）深刻性。高校学生的自我体验是深刻的。他们的自我体验不仅与自己的个性特点相联系，而且还与自己的生活信念和人格倾向相联系。当自我的生活信念和人格倾向为别人所悦纳，或客观事物符合自己的生活信念和人格倾向时，他们就会产生愉快的情感体验，否则就会产生消极、不愉快的体验。

3. 自我调控特性

（1）主动性。个体自我调控随着年龄的增长逐渐由被动发展成主动。进入大学后，高校学生主动调控自己的能力逐渐增强，独立生活，自主学习，参与社会竞争的能力开始形成，这些都是高校学生主动进行自我调控的结果。

（2）自觉性。多数学生在适应高校学习生活后，对大学的学习生活方式、角色定位、人际交往等都有了新的认识和体验，并且进入大学阶段的稳定期，这时高校学生在自我监督、自我感悟、自我批评、自我教育等方面明显增强，同时他们不仅是在感知层面上调控自我，而且能够在思想、行为上驾驭自我。

（3）社会性。随着高校学生自我意识的增强，高校学生非常希望按照自己的个人意愿学习自己喜欢的专业课程、参加感兴趣的课外活动、选择适合自己的工作。然而，学校、家长、社会往往会对高校学生提出不同的要求，诸多社会现实也会迫使高校学生按照社会标准、社会期望、社会条件来规划自己的未来，让自我调控具有一定的社会性。

（三）高校学生自我意识健康培养

1. 正确认识自我

正确认识自我就是要全面了解自我，包括正确认识自己的外貌、身高等生理特点，气质、兴趣、性格、意志等心理特征，同时包括自己在社会交往环境中的地位和作用、他人对自己的客观评价等。全面而正确的自我认知是培养健全的自我意识的基础。只有正确客观地认识自己，才能科学对待自己的过去，正确设计未来发展之路，选择适合自己的职业方式和生活方式，同时做到理解他人、尊重他人，和谐相处，被社会所接纳。

自我可以分为四个部分，即公开的我、盲目的我、秘密的我和未知的我，这四个"我"称为"哈里之窗"，其内容为：①"公开的我"是自己知道、别人也知道的那部分。如身高、体重、外貌、性别、籍贯等基本信息。②"盲目的我"是自己不知道、但别人很清楚的部分。如一些习惯动作或口头禅，以及一些处事方式，我们平时往往容易忽视，但局外人很清楚。③"秘密的我"是自己知道但别人不知道的那部分。每个人都有不愿意公之于众的事情，这些事情有可能只与至亲至爱的人交流，甚至不与任何人交流。④"未知的我"是自己和他人都不知道的那部分。这部分可能是没有开发出来的潜能，也可能是埋在潜意识里面没有被发现的内容。

2. 积极悦纳自我

积极悦纳是对自己的本来面目持肯定、认可的态度，是自我体验健康发展的关键和核心。虽然每个人都有缺点和不足，但是积极悦纳自我的人能做到正视自己，坦然接受自己的缺点，并在他人面前真实地表现出来。相反，不能悦纳自己的个体会片面夸大自己的缺点，对自己持悲观态度，并在他人面前掩饰真实的自己。肯定和认同自己的人比否定和不认同自己的人心理健康水平更高、社会功能更健全。高校学生要形成积极接纳自我的行为方式，可以从以下方面着手：

（1）列出自己已经取得的成绩。列出 10~15 项现在或过去在学习、工作中取得的、能常给自己满足感的成绩。对每一项成果都要尽可能具体地描述，如果可能的话，最好将成果量化。

（2）勇敢地表现自己。如果班集体中有适当的活动，就要尽可能积极参加，以让自己的能力表现出来，从而达到肯定自己的目的。

（3）通过总结比较。通过对学习生活的总结和比较，会加深对自己的一些认识，列举增强的能力，如说服力、组织能力、创新能力等有哪些，分别用事实说明。

（4）恰当地形容自己。例如，目标远大，具有团队精神、注重细节或感知敏锐等，分别用具体事实加以说明。

（5）用镜子技巧。在镜子面前保持立正姿势，大声说出想达到的目标，然后在镜面上写下表达愿望的关键词，接下来就是反复去做。

（6）当做了认为有用的事情却被别人否定时，特别需要对自己行为的合理性有个清楚的认识和判断，才不会在意别人的想法、看法、说法，从而坚定不移地相信自己。

3. 有效控制自我

有效控制自我是健全自我意识、完善自我的根本途径。一般而言，要做到有效控制自我：一方面要培养顽强的意志，发展坚持性和自制力，增强挫折耐受力，为实现目标而努力排除干扰、克服困难；另一方面要建立切实可行的奋斗目标。通常，高校学生可以从以下方面来有效控制自我：

（1）建立合乎自我实际情况的抱负水平，确立合适的理想自我。

（2）增强自尊和自信，使自己有为实现理想自我而努力的动力，激励自己不断奋进。

（3）培养顽强的意志和坚强的性格，培养坚持性和自制力，增强挫折耐受力，使自己能自觉主动地认清目标，为实现目标而努力排除干扰、克服困难，正确地面对成功与失败。

4. 勇敢超越自我

认识自我，接纳自我，都是为了塑造自我，超越自我。对高校学生而言，超越自我更是终生努力的目标。在行动上，无论对人对事，均全力以赴，使自己的能力品行得到最大限度的发挥。超越是一种境界，更是一种过程，一种"新我、独特的我、最好的我"的形成过程，它不是一帆风顺的，而是需要付出艰辛的努力。

三、高校学生心理健康教育中情绪健康管理

情绪是一种复杂的心理活动，是个体重要的心理活动，是人类深刻的内心体验与感受。正确了解情绪的产生机制有助于个体理性觉察、适应并控制情绪。情绪是个体对客观事物是否满足自身需求的一种主观态度体验，是人脑对外界客观事物与主体需求之间关系的反应。情绪是复杂的心理活动，它的产生具有一定的目的性，表达具有一定的社会性，它是个体的一种主观感受和意识体验，伴随一定客观的生理反应，通过一定的行为来表达。

在日常生活中，个体与各类客观事物发生联结，并对它们产生不同的态度体验。在不同的情绪状态下，个体会出现不同的生理反应，主要表现在心率、血压、呼吸甚至内分泌、消化系统等方面。情绪的表达主要通过个体的外显行为来表达，这些外显行为就是表情，表情主要包括面部表情、肢体动作、语言语速。

（一）情绪的类型与功能

1. 情绪类型

（1）基本情绪和社会性情绪。从情绪产生和发展的角度，情绪可分为基本情绪和社会

性情绪。基本情绪主要是指与生俱来、不学而能的情绪，与个体的生理需要相联系的内心体验，具有独立的外显表情、内部体验、生理神经机制和不同的社会适应功能，如恐惧、焦虑、悲伤、痛苦、满足、兴趣等。社会性情绪是在基本情绪的基础之上，伴随着个体的成长和学习建立的情绪，与个体的社会性需求相联系，例如，荣誉感、幸福感等。

（2）心境、激情和应激。根据情绪状态发生的强度、持续性和紧张度，可以把情绪状态分为心境、激情和应激三种。①心境是一种微弱、平静而持久的带有渲染性的情绪状态，分为消极心境和积极心境。②激情是指强度较高但持续时间较短的情感性活动，是一种强烈的、短暂的、爆发性的情绪状态。激情有消极和积极之分，激情状态下人们的认知能力、觉察能力、自制力等可能会降低，消极的激情会使人暂时地丧失理智。③应激是在出乎意料的紧迫与危险情况下（如遇到意外事故、自然灾害，发现负性事件的征兆等）引起的高度紧张的情绪状态。在应激状态下，人们往往会出现恐惧、焦虑、紧张等负性情绪。

2. 情绪功能

（1）信号功能。情绪的外部表现是表情，是一种非语言交际，由于表情具有信号传递功能，人们可以凭借一定的表情来传递情感信息和思想愿望。表情主要包括面部表情、肢体动作、语言表情等，它比言语出现得早。心理学家发现，在日常生活中，超过半数的信息是靠非言语表情传递的，一部分的信息是靠言语表情传递的，只有少部分的信息是靠言语传递的。在婴儿会讲话之前，主要是通过情绪表达与外界进行互动；在成人的人际互动中，人们通过微妙的面部表情、肢体动作、语调语速等来表达个人情绪。这些表情比语言更具生动性和表现力，尤其在语言信息模糊的情况下，人们通过识别他人表情来揣测他人的心思。因此，表情是个体在人际交往中进行情感交流的重要纽带。

（2）动机作用。情绪与动机有着密切关系，主要表现为情绪具有动力性和弥散性的特点，可以调整个体动机的强度。积极的情绪一般可以激励个体，增强个体行动的动机，如愉悦、爱、自信等积极情绪增强了人们的行动能力；负性的情绪往往会降低个体的动力，如痛苦和不自信等负面情绪会降低人们活动的积极性；情绪对动机的影响不是一成不变的，有些情绪既可以增加行动的动力，也可以减低行为的动力；自信可以增强个人斗志，但过度自信也可能会让人乐不思蜀而降低了斗志。

（3）调控功能。情绪的调控功能是指情绪对个体的其他心理活动和行为既有积极的促进作用，也有消极的瓦解作用。一些消极的情绪，如悲哀、愤怒等，会干扰或者抑制个体的认知功能，例如，考试焦虑，学生在考试时压力大，容易出现紧张、焦虑的情绪，而这些情绪极有可能使得学生注意力无法集中，影响思维的流畅性，从而影响学习效率和考试水平的发挥。

（4）健康功能。情绪的产生往往伴随着各种生理反应，例如，紧张的时候会出现心跳加速、血压升高、出汗等变化，这些生理反应会对个人的身心健康造成一定的影响。

（二）高校学生情绪的特征

1. 情绪体验相对不稳定

高校学生情绪体验不稳定主要表现为情绪体验的波动性较大且存在两极性，容易从一个极端转变到另一个极端。高校学生由于对外界事物的认识还处于发展阶段，对事物缺乏客观和全面的认识，人生观、价值观、自我认识等还在逐步树立和完善的过程中，对自我缺乏确定和完整的理解和把握，容易被外在环境影响，经常出现自我否定、自我矛盾的现象。因此，高校学生情绪易受外界感染，情绪容易被唤醒，也容易平息。

2. 情绪特点具有阶段性

高校学生在一年级到四年级的发展任务差异较大，面临的问题不同，因此，高校学生在各年级的情绪体验上有明显的阶段性。新生刚入校更多地体验到新奇和迷茫的情绪；大二、大三的学生已经适应高校学习生活，情绪相对稳定；大四学生开始面临毕业和就业，更多地体验到压力和抉择的矛盾感。一般而言，随着年级的增长、知识水平和修养的提升，高校学生对自我情绪的认识愈加透彻，情绪控制能力增强，高校学生的情绪稳定性增加，波动性减少，社会性情感日益丰富，更多地表现出关心他人。

3. 情绪体验丰富且复杂

随着高校学生自我意识的不断发展，高校学生的自我尊重需要愈加强烈，对外界的需求也在不断增加，会对外界客观事物表现出较多的自我体验。在大学校园里，高校学生的成长任务加剧，许多重大生活事件，如人生规划、择业就业、交友恋爱等逐渐向高校学生走近，高校学生对人性、人生、社会的思考程度急剧加深，认识也趋于立体化，社会化程度不断提高，个人对事物的情绪体验会比以往更加丰富和复杂。例如，学生通过各种渠道了解社会，学习社会的道德规范，对自己的身份、角色、志向、价值观等有了深入思考，道德感、荣誉感、美感等社会性情绪不断发展；高校学生的交际范围扩大，与同学、朋友和老师之间的交往中，人际交往的内容和目的也多元化，在人际交往中的情绪体验也更为复杂；多数学生离家较远，逐渐出现了思念故乡、思念家人的情绪，部分学生进入一段恋爱关系，在对他人的情绪表达上，变得更为细腻和深刻。

4. 情绪体验强烈而表现内隐

高校学生对外部刺激反应迅速、敏感，情绪体验快而强烈，喜怒哀乐常常一触即发且体验强烈。高校学生由于对外界认知不足，缺乏社会阅历，看待问题和评价事物时，缺乏客观全面的依据，对事物或他人的评价往往具有极强的主观色彩。此外，高校学生年轻气盛，对不符合自己行为准则、信念、观点和理想的事件，容易迅速出现否定情绪，对符合自己原则、观念的人和事容易激发强烈的肯定情绪，常常出现激情状态，易引发冲动行为。虽然高校学生在意他人评价，对自己和他人的行为容易产生强烈的内心体验，但随着自我意识的发展和知识水平的提升，高校学生的情绪外部表现和内心强烈的情绪体验并不总是一致的，在情绪表达上相对隐晦。

（三）高校学生情绪健康管理

情绪健康是高校学生心理健康的一项重要指标，情绪异常往往是心理异常的信号。高校学生处于一个富有激情的阶段，容易与外界产生冲突和摩擦，比较容易出现情绪困扰。因此，高校学生在学习专业知识的同时，需要了解自身的情绪特点，提高自身觉察、适应、控制情绪的能力，学会情绪管理。情绪管理是指对情绪进行调节和控制的过程，不仅是对强烈感受和过高生理唤醒的情绪进行抑制，也是对较低情绪进行维持和增强的过程，从而保证个体能在大部分时间内保持良好的心境。

1. 学会理性地认识情绪

情绪的变化会受外部环境和个人特质的影响，管理自己的情绪，首先需要学会认识自己的情绪，掌握自身情绪发展的特点，从而有根据地寻找具体的情绪控制与调节的办法。

首先，高校学生正在逐步完成从学生到社会人的角色转变，走向成熟和独立的人生阶段。在这个转变的过程中，高校学生将会面临各种各样的发展任务，在这些压力和挑战面前，由于自身未完全发育成熟的心理和有限的知识、经验和阅历，非常容易出现各类情绪困扰。高校学生应以健康的心态接受这个事实，正视各类情绪困扰，并发挥自己的主观能动性，努力控制自己的情绪。

其次，高校学生应掌握一些科学知识，分析自身情绪产生的原因，有针对性地寻找情绪调节的方法。情绪并非由外界刺激引起，而是由个人对外界刺激的看法引起，当个体自身的认知中存在一些不合理的信念时，就会产生一些不良情绪。高校学生可以审视一下自己是否存在一些不合理的信念，检测自己的情绪是否合理，从而有针对性地进行调整。

2. 合理表达与调节情绪

高校学生应学会积极、健康、恰当地表达和调节自己的情绪，正确表达和释放自己的情绪。

（1）合理抒发情绪。情绪抒发是释放心理能量的过程，是达到心理平衡的重要方式。高校学生在日常生活中要学会合理地抒发情绪，寻找一个正常的抒发通道，例如，找朋友、家人或者老师进行倾诉，写日记、唱歌、呐喊、慢跑、快走、跳舞等，避免因为情绪过度而引发过激行为。

（2）转移情绪。当觉察到自己的某些情绪影响到当下的生活或者正在进行的任务时，一味地回避和压抑自己的情绪比较难，这时可以通过转移话题或者任务来分散自己对不良情绪的注意力，防止不良情绪的增强和蔓延。同时，可以通过新的话题和任务来激发自己的积极情绪体验。例如，可以暂时离开引发情绪的场所，或者到户外呼吸新鲜空气，平复一下内心。在转移情绪的时候，避免使用对自身有害的方法。

（3）升华情绪。升华情绪是指通过合理的方式方法把内心压抑的情绪转变为人们接受、社会赞许的行为。每一种情绪都有其存在的合理性和价值，消极情绪也是。高校学生应学会在消极的情绪中把握自己的不足，敢于面对现实、承认现实、接受现实，寻找消极情绪的原因，将消极情绪升华为自我完善和超越的动力。

（4）放松情绪。在面对极度的愤怒、焦虑、紧张等情绪时，高校学生要学会通过放松来释放心理能量，例如，通过自我暗示、倾听音乐、呼吸放松、想象放松、肌肉放松等小技能来舒缓自己的情绪，达到内心的平衡。

3. 努力培养积极的情绪

积极的情绪有利于个体身心健康，高校学生不仅要学会通过控制自身的不良情绪来适应环境，同时需要努力培养积极的情绪，发挥良好情绪的功能，促进自身的全面发展。

首先，情绪是个体对自身需要是否得到满足而产生的态度体验，在实际生活中高校学生需要在客观分析自己能力和特长的基础上，不断地挖掘自身的优势，建立合适的期待值，学会扬长避短，善待自己，从而培养自身的积极情绪。

其次，高校学生需要积极参加各类健康向上的文娱活动，努力培养自身健康的兴趣爱好，例如音乐、舞蹈、摄影、绘画、书法、运动等。当一个人全神贯注地做一件事情时，往往能感受到充满活力、充实感等，达到乐而忘忧的境界。拥有兴趣爱好不仅可以激发自身愉悦的情绪体验，还为自己创造了转移情绪的方式和途径。

最后，高校学生需要建立自己积极的思维方式，培养自己正向建构的能力，善于发现事物中的积极因素，消除或减少负性情绪，塑造积极开朗、乐观向上的性格和人生态度。

四、高校学生心理健康教育管理的创新策略

第一，构建心理健康教育队伍。高校学生心理健康教育的成效取决于教育队伍的能

力，尽管目前高校中已经设置了关于心理健康教育的课程，但是心理教育实效性还有些欠缺，主要原因是教育队伍的素质有限。现阶段，高校中从事心理健康教育的部分教师没有接受过系统教育，对现代心理咨询知识较少了解，教育和咨询开展中，教育落实不到位。因此，高校要定期组织心理教育教师进行培训，提高他们的专业教学能力，增强他们的责任感，使他们掌握先进的心理咨询方法。另外，要完善心理健康教育体系，发挥各环节作用，建立网络系统模式，成立心理咨询中心，为学生提供专业的咨询服务。高校辅导员要与学生多沟通，掌握学生的心理状态，发现学生心理问题进行心理疏导。

　　第二，加大投入推进心理健康课题研究。高校要结合学生心理健康实际加大对心理健康的研究。有关部门要按照国家要求，结合人才培养实际，对高校学生进行针对性的心理教育，渗透素质教育的理念，帮助学生逐渐适应环境，培养独立的人格，提高其自控和自理能力，增强其抗挫折能力。高校要将学生的心理健康教育和思想政治教育融为一体，把握工作重点，遵循高校学生思想认识发展的规律，解决学生中存在的一些心理问题，调节学生的情绪，消除学生的心理障碍。高校要做好心理健康的宣传工作，借鉴医学、教育学、伦理学等研究成果，扩展研究的内容和项目，探索高校学生心理健康教育的新途径。

　　第三，建立多元参与的心理健康教育机制。高校要从文化建设入手，为高校学生心理素质的提高营造良好的氛围，为高校学生心理健康教育提供必要的载体，文化建设要从物态、制度、活动、心理方面进行，鼓励学生积极展示自我，提高适应能力。高校要积极鼓励学生参与各项活动，培养其团队合作精神，提高其人际交往能力。心理教育和咨询部门要充分发挥作用，为学生提供心理咨询服务，开展团体训练和挫折考验训练，对学生进行科学的指导，消除学生的心理障碍。家长要积极配合，关心子女，与学校共同做好心理教育。总而言之，高校要重视心理健康教育工作，将其纳入重要的日程，心理健康教育有助于提高学生的心理素质，有利于增强学生的职业能力，高校要采取科学的手段，培养学生健全的人格，促进学生全面发展。

第五章　高校学生管理工作——就业管理

第一节　高校学生职业规划与就业引导

一、高校学生职业规划与就业引导的重要性

（一）高校学生职业规划的重要性

职业的出现是随着社会的不断进步，以及经济的持续发展而社会分工的结果。自其出现以来，职业的含义也在不断丰富。长期以来，不少学者都在坚持研究职业的学术理论，在众多理论研究中，不同流派的专家学者因其研究目的不同，对职业的理论有着自身不同的理解。因此，职业的概念是不固定的，它总在变化，没有统一的概念能够解释职业。目前，中国职业规划师协会的定义被大多数人接受，即职业是某个行业需要的职能，这是对职业的描述。职业有以下重要性：

第一，经济重要性。从出现的角度看，职业的产生源自生产分工，在经济发展到一定阶段就一定会出现这样的结果，是历史发展的必然。从个体生存的角度来看，人们依靠工作来获得经济收入，每份工作背后都代表了一份职业，是个体能够在社会中生存的重要途径。从社会建设的角度看，职业是社会经济运行的重要支柱，能够为社会创造劳动财富，为社会的发展提供了必不可少的物质基础。从经济发展的角度来看，经济发展可以促进社会分工的改善，从而创造新的就业岗位。

第二，社会重要性。职业的产生和社会发展息息相关，是必然产物。就业岗位的出现反映了社会分工的改善。新工作岗位的出现，意味着社会分工得到了有效改善。社会成员在社会上从事着不同的职业，社会才能持续发展。

第三，技术重要性。一个职业的出现，意味着一个特定工作的发展必须由特定才能的人进行，这个人必须具备完成该工作任务的能力，满足高水平的专业工作要求。因此，每

个职业都有一定职责，要求从业者的知识完备、技能熟练，这主要体现在对于从业者的学历、专业资格、专业技能水平等都有特定的要求。只有工作人员符合各项工作要求，才能够从事这个职业的相关工作。

第四，群体重要性。一个职业的出现，必然是很多人从事一个特定的职业，才能有一个特定的职业，一个人也可以具备多个职业。当一种工作的人数量达到了一定规模，且被社会认可时，这份工作就可以称为一个职业，所以，这个职业具有鲜明的群体特征。

第五，发展重要性。职业一直都处于动态变化。它的发展深受社会经济、技术和文化等多方面因素的影响。社会经济、科技水平和文化发展程度都会导致社会职业的变化，有的职业在社会发展中消失了，但同时也会有新的职业出现。因此，职业有自身的发展性，职业发展离不开社会环境的发展。

（二）高校学生就业引导的重要性

第一，和谐社会创建的本质要求就是要建设和谐校园。大学在社会系统中扮演着重要的角色。在大学中可以传播知识，为社会培养所需要的人才，在大学汇聚了一大批优秀的人才和精英。和谐校园是文明进步的表现，大学有着鲜明的时代特征，大学能够促进整个社会的发展。因此，在构建社会主义和谐社会中，建设和谐校园刻不容缓，积极促进社会和谐，是学校需要担负的重要历史使命。

第二，加强和改进大学的就业指导工作。在建设和谐校园的过程中，就业指导工作是一个重要手段。就业指导是校园建设必不可少的一项内容，也是提高大学就业率的基础。毕业生就业情况是衡量大学是否做好高等教育的重要标准，也是衡量大学办学水平和质量的重要依据。大学的就业情况满足着多方的需要，这是学校和社会发展的需要，同时，也是学生个人及背后的家庭的需要。可见，就业指导工作的开展意义重大，通过就业指导可以帮助学生正确选择职业，提前了解当下社会各职业的就业前景，最终衡量自己的实际需求及个人能力，找到自己合适的工作，这对营造和谐校园起到非常重要的作用。

第三，在就业指导工作开展过程中，坚持"以人为本"科学发展观。"以人为本"科学发展观是建设和谐校园理念的核心。学生的就业不是小事，就业是学生最为关注的一个问题。加强和改进就业指导，旨在将学生需求与社会需求结合，帮助学生找到自己意向的工作，使学生在进入社会后能够做好社会主义现代化建设工作，为社会的发展献出自己的一份力量，在工作中能够为社会创造劳动财富，实现自身价值。

第四，和谐校园建设是高校就业指导的基础。创建和谐校园与学校就业指导目标的实现是相一致的，和谐校园的建设不仅促进了高校就业指导工作逐渐完善，也为高层次的就业指导水平奠定了坚实的基础。做好校内指导工作，对社会发展非常重要。

二、高校学生职业规划的理论基础

（一）高校学生职业规划原则

1. 职业规划 SMART 原则

每个人的条件不同，职业目标也不可能完全相同，但确定目标的原则是相同的，必须遵循 SMART 原则。

（1）S（Sequential）——连续性。职业目标的设立必须连续、系统。同一时期的目标不宜过多，应该集中为一个，即一个时期一个目标，实现一个目标后，再实现另一个目标。

（2）M（Measurable）——明确性。职业目标必须明确、细致，如要参加哪些活动，做哪些事情，大致的时间安排，且应该有明确的指标，作为衡量是否完成规划的依据。例如，时间：用一年完成还是三年完成；程度：通过外语四级还是六级等。量化的标准便于评估目标的完成，也便于有针对性地制定相应措施。

（3）A（Attainable）——可行性。职业目标就好比产品，只有产品具有市场，才会大量生产。所以，在确定职业目标时，应该充分地考虑内外环境的需求，并重点关注社会和组织的需求，从自身的实际情况出发来实现职业目标等。若是不能实现目标，那么也就不必进行目标规划了。

（4）R（Relevant）——关联性。要根据个人的性格、特长、优势和兴趣等优势性进行职业规划。只有以优势为基础来建立目标，才能在实现目标的过程中保持高度的积极性和自主性。自身是个人发展的内在动力所在，而外界因素对职业生涯规划的影响作用是次要的。所以，要从个人的实际情况来制订个人计划，不能脱离实际。

（5）T（Time-based）——时限性。时间的限制性也是职业目标的重要特征，有利于促进具体目标的按时完成。若是缺少时间限制这一因素，将不利于职业规划的如期完成，无法达到职业目标。因此，要合理地规划职业目标的时间长短。长期目标有利于让人们对发展方向予以明确，不断地奋斗，避免半途而废；而长期目标是建立在短期目标的基础上，尤其是规划职业生涯时，设立短期目标并不断地实现，有利于获得成就感和奋斗快感，从而向着更远大的目标前进。

2. 职业规划不同环节的原则

（1）自我评估环节坚持主观与客观相结合的原则。个人职业生涯规划要先做好自我评估工作。自我评估是分析和评价所有与个人息息相关的因素如能力、性格、情商、潜能和个性的过程。大学生对自身进行全面的评价和分析是必不可少的步骤，如此才能更好地、更有效地认识自己。事实上，个人应该经常性地评估自己，不过这种评价一般不具备系统性和必然性，所以，其科学性也不强。想要确保自我评价的系统性和全面性，就需要合理运用专业的职业生涯测评系统。

职业生涯测评系统需要结合各个学科如组织行为学、人事测量学、统计学、管理学和心理学等知识，并能够全面系统地了解和掌握被测试者的职业性格、职业能力、职业价值和职业兴趣等，从而深入地了解自己的性格、能力、特长、兴趣和个性等，并且对自己的潜能和不足都有充分认识，如此才能算是完善合理的职业生涯测评系统。

个人自我评价的显著特征就是主观性，哪怕采用职业生涯测评系统进行评价，也不能改变这一特征。所以，在职业生涯规划时，需要结合自我评价和他人评价。经过朋友、亲人等进行评估，有利于个人更加客观、真实地认识到自己的特长和不足等。所以，大学生进行职业规划时需要多听取朋友和家人的意见，从而更加全面客观地认识自己。

（2）分析环境环节坚持整体与局部相结合的原则。个人发展的前提条件就是外部环境。在追求个人发展时要充分结合现实情况，准确地判断形势，并综合各种机会的优势，从而实现人生价值和职业规划。外部环境的影响作用是制订职业生涯规划不可缺少的影响因素，只有评估和衡量各种外部环境因素，才能让职业规划更加科学化、系统化。所以，对外部环境的特征、变化情况和发展趋势予以客观把握，才能更好地发现自身的优势和不足，从而及时地调整目标，加强职业规划的可行性，并使自身的职业发展符合社会发展需求。

大学生制订职业生涯规划过程中，不但要结合个人的条件，而且要考虑社会需要。分析社会整体经济发展状况，了解新兴产业和新经济特征等的影响作用，把握社会人才结构变化，才能更好地实现职业生涯规划的科学性和可行性，并促进自身的长远发展。职业生涯规划也会受到社会政治、经济、文化的影响，上述影响因素又会相互联系、相互作用。一个产业的兴起或者消亡可能只是一个政策的影响，所以，职业生涯规划分析中也不能忽视社会政治、经济和文化的作用。

职业生涯规划中要充分考虑社会一般宏观分析的影响，不能全部依赖社会一般宏观分析。首先，要把握未来预期就业的工作环境、任职条件、工作内容和需要具备的经验、能力和知识等，并根据自己的职业兴趣进行选择。大学生要尽可能多地利用各种渠道来获得更多就职信息，而且还要重视职业实践的参与，从而加强对职业的认识和了解。其次，就业时还要综合当地的区域环境和经济情况来考虑。大学生的职业选择不但受职业类型和自我属性的影响，还会受到社会生态环境差异的作用，换言之，大学生职业选择会受到组织和地区差异的影响。

（3）目标确定环节坚持理想与现实相结合的原则。职业生涯目标是对可能实现的并能预期到的目标进行的规划，可以分为四种类型：一是人生目标；二是长期目标；三是中期目标；四是短期目标。职业生涯规划中最为重要的部分就是职业生涯目标，其对个人的职业发展有着方向指引作用，而且能够引导人们制订方案、实现目标和应用措施等。在确定个人的职业方向时要充分评估自我、分析外部环境等，从而明确职业生涯发展目标。理想对个人的目标实现和前进方向都具有积极推动作用，是人们为之奋斗的内在动力。因此，在职业生涯规划中先要确定职业理想，这也是非常关键的。很多成功经验证明，只有合理、科学地设计和规划，才能成就自己的事业，体现自己的人生价值。受有限时间和环境的影响，大学生有必要先明确自己的职业理想，然后集中主要精力为理想而奋斗，才能获得更大的事业成就。

在确定自己的职业目标时一定要根据实际情况，不能天马行空地乱想一通。学生对行业和具体职位的认识还比较有限，对真实的职业环境也没有切身体验，所以职业目标往往会过于理想，跟实际相差较远，难以实现。大学生对待遇好、环境优的工作比较青睐也是情有可原，不过需要根据实际来调整工资薪酬、单位属性、就业地域和职业目标等期望，从而顺利地实现就业。

（4）实施计划环节坚持学习与实践相结合的原则。行动是明确职业生涯目标后最重要的步骤。简而言之，就是为了达到目标而采取的具体措施和行为等，可以分为工作上、训练上以及学习上等方面。

在校大学生的主要目标就是完成知识的学习和积累。只有做好这一准备工作，才能更好地制定职业规划目标，帮助其更好地获得就业机会。所以，职业生涯规划的实施既离不开职业工作能力的不断提升，也不能缺少专业技能和专业知识体系的构建。当然，也有一部分大学生认识到学习的重要性，并非常注重对专业知识和专业技能的掌握，以此来作为找到好工作的敲门砖。因此很多大学生虽然都顺利过关英语四、六级考试，不过英语的实际应用能力非常弱，也没有相关的社会职业实践经验。社会实践是检验所学是不是社会所需的唯一方法，并有助于检查自己工作能力的大小，这也需要获得高校的重点关注。所以，适量的职业训练对大学生的能力提升而言非常关键，有利于其综合素质的提高，以便毕业后更好地适应社会发展，找准自己的定位，使得社交能力、实际操作能力、组织管理能力、自我发展能力、心理调适能力等都更加符合社会发展需要。

（5）反馈修正环节坚持稳定与变化相结合的原则。社会是瞬息万变的，所以职业生涯规划要立足于社会环境。大学生职业生涯规划的反馈调整是重新选择职业方向、调整各个时期目标等过程。所以，反馈调整能够让大学生更好地重新认识和重新定位社会、职业和自我，而且是根据社会发展变化而随之产生的调整过程。

职业生涯规划对人的一生都会产生重要意义。在职业生涯规划过程中，首先需要进行自我评估和分析，全面考察环境，之后确定目标，付诸行动，这些过程都是深思熟虑后所进行的。所以，应该尽量保持职业生涯规划的稳定性，切忌随意变动和调整。不然就需要系统地分析和评估各种影响因素，否则会浪费大量精力和物力，而且之前所取得的成就也会变得没有意义。

（二）高校学生职业规划步骤

职业规划究其本质是在知己知彼的基础上确定个人的职业发展方向、目标及路径，并采取有效行动达成目标的过程。大学生职业规划的步骤包括自我评价、外部环境分析、确定目标、实施策略和修正反馈。

1. 自我评价

自我评估对大学生而言，主要是了解兴趣、学识、技能、情商等与大学生本人相关的所有因素。自我评估的结果可以通过自我剖析、职业测试及角色建议等方法获得。

个体差异是必然的，每个人的个性特征、能力模式都具有独特性，而且职业和某种能力的个人模式形成之间具有一定关联。任何一个职业的环境、条件、方式以及性质也各有差异，所以会要求工作者具备不同的性格、气质、知识和能力等。每个人都应该从不同的个性特征来选择职业种类，并形成自己的职业决策，从而使得个人和职业之间更加匹配。只有保持个人特征和职业环境的高度统一，才能算得上是匹配得当，从而较大程度地提高职业成功率。若非如此，则可能造成职业无法取得大的成就。所以，从组织和个人的角度来看，个人和职业的匹配是职业决策必不可少的环节。但在这之前，要充分认识和了解自己的个体特征。

认知自我是漫长、艰险的过程，虽然客观、理智地认识和解析自己是艰难的，但是只有静下心来，才能为职业生涯规划做好最理性的自我评价。因此，大学生应该先了解人才测评量表的测试指导后再进行自我评价，而且需要保持缓和的心情和在安静的环境中来进行这一项工作，使得评价更加贴合自己的真实情况，确保结果的准确性。

此外，还可利用分析关键事件、访谈以及360°评估等非标准的评估方法来进行自我评价，有效地提升对自我的认识，促进大学生了解和把握自己的价值取向、行为风格、个性特征以及职业兴趣。

2. 外部环境分析

经济的不断发展，科学技术的进步，导致市场竞争日益加剧，对工作者也提出新要求，从而影响着个人的人生发展和价值体现。所以，在个人职业生涯规划过程中，需要大学生充分地把握环境条件、环境发展变化等因素，并找出环境因素对自己的有利和不利影响。可以从三个方面来分析职业环境：①组织环境分析。全面有效地分析所选组织的经营情况、发展趋势、发展目标、组织特征、文化内涵以及人才需求等因素。②社会环境分析。全面地分析社会变化、价值观念的转变、科学技术的发展以及人才市场需求变化等因素，并在分析过程中保证其时效性特征。③经济环境分析。主要是系统地分析经济体制的变化、经济政策的转变、产业结构的改变、经济建设重点的转换等经济模式，从而了解其政策对自己职业所产生的作用。分析经济环境一定要结合国家宏观经济政策。

经由以上三种因素的分析，大学生能够更好地把握自己的发展趋势、自己和环境所产生的关系，以及自己在环境中的定位，从而在职业生涯规划中更好地结合环境因素。对环境因素的认识有利于其在职业规划中有效地避开不利影响，发挥有利因素的作用，促进自己职业的发展。同时，要加强大学生和实际工作的接触，帮助大学生全面系统地了解职业环境，具体而言可以采用以下方法：

（1）亲身体验。大学生应该在节假日和寒暑假参与目标企业或者类似企业的实习，并用职业人的要求来规范自己的行为，从而更好地接触到目标职业岗位的实际需求。一方面，通过岗位上的实习经历，可以更好地感受到企业的经营理念、企业文化，并全面地了解企业的人才需求，把握工作性质、环境、薪酬、晋升要求等；另一方面，还能检测和评估自己的工作适应能力，从而提高职业匹配程度，有利于做出科学合理的职业决策。

（2）生涯人物访谈。大学生还应该利用一切关系争取和生涯人物面对面交流和沟通，采访行业里的成功者，从而能够更好地把握行业的发展趋势和行业特征，更好地规划学习计划。

3. 确定目标

在职业生涯规划中，确定目标是最为关键的内容。应该基于外部环境分析和自我评估的前提确定职业方向和职业目标。大学生进行职业定位时要考虑到以下因素的匹配情况：一是职业和兴趣是否匹配；二是职业和个人特长是否匹配；三是职业和专业是否匹配。四是个人愿望和社会需求是否匹配，如此，才能使得职业选择更加符合自己的特长和兴趣，也能更好地适应社会发展需求。现在大学生就业难已经成为严重的社会问题，大学生应该树立起不怕苦、不怕累的精神，从基层做起，逐步实现自己的人生价值。大学生应该根据实际情况及时地调整和转变就业期望，具体是从工资薪酬、就业单位、就业岗位和就业领域上进行相应调整，从而确保自己能够顺利就业。

4. 实施策略

行动计划包括两个方面：一是长期计划，会受到各种不确定因素的影响和制约；二是短期计划，是为了有效防止长期计划被不利因素所影响而制订的，并成为完成长期计划的基础和基石。职业目标一旦确定，就要付诸行动。

大学生制订行动计划时需要以职业目标为依据，并保证其具备针对性和明确性等特征，尤其是大学生毕业后的五年计划更为重要，作用也更为突出。要根据轻重缓急来确定计划，合理地管理，防止不利因素的影响等，这些都要采取行动才能有所成效。近期计划应该具体到每一周应该做的事情，才能促进长期计划的实现。大学生应该制订自己的行动方案，为以后的就业创造机会。

制订行动计划需要特别注意两个方面：首先是分解和组合行动目标。需要根据时间长短来划分目标，如一年以内的目标作为短期目标，二至五年的目标称为中期目标，十年以上的目标称为长期目标等，并将目标细分为专业技术能力、可迁移能力等能力目标；专业、证书等知识目标；学生工作、实习和兼职的实践目标等；其次结合各个目标来促进总体目标实现。要制订一套方案来有效地减小差距。先理性认识自己和目标之间的差距，然后再采取措施减小和目标之间的距离。

5. 修正反馈

只有及时地修正和评价职业生涯规划内容，才能确保职业生涯规划落实到位。从大学生的角度来看，可以从修正各个时期的目标、及时调整和变更计划及措施、重新选择职业方向等方面反馈和调整职业规划。

（三）高校学生职业规划方法

由于职业生涯伴随着人的大半生，职业生涯的规划直接影响着个人的前途和命运，因此，职业生涯规划一定要科学正确，这就需要掌握一定的技巧和方法。

1. PPDF 规划法

个人能力发展文件（Personal Performance Deveiopment File，PPDF），PPDF 是对员工工作经历的一种连续记录，它使员工及主管领导对该员工所取得的成就有个系统的了解。PPDF 法既指出员工现时的目标，也指出员工将来的目标及可能达到的目标。PPDF 标示出，如果要达到这些目标，在某一阶段应具有怎样的能力、技术及其他条件。同时，它还帮助人们在实施行动时进行认真思考，看自身是否非常明确这些目标，以及应具备的能力和条件。

2. SWOT 规划法

SWOT[①] 根据企业自身的既定内在条件进行分析，找出企业的优势、劣势及核心竞争力之所在。其中，S 代表 Strength（优势），W 代表 Weakness（弱势），O 代表 Opportunity（机会），T 代表 Threat（威胁），S、W 是内部因素，O、T 是外部因素。按照企业竞争战略的完整概念，战略应是一个企业"能够做的"（即组织的强项和弱项）和"可能做的"（即环境的机会和威胁）之间的有机组合。

SWOT 法运用系统的思想将一些看似独立的因素相互匹配并加以综合分析，有利于人们对个人或组织所处情景进行全面、系统、准确的研究，有助于人们制定发展战略和计划，以及与之相对应的对策。

3. 五"What"规划法

很多心理职业咨询服务机构和职业心理学院的专家们在进行心理职业咨询和职业规划时常常需要采用的思考方法也就是有关五个"What"的问题归零答案思考模式：从"我是谁"问题开始，然后依次继续问问题，共有五个归零问题。通过正确回答五个关键问题，找到它们之间的最高点和共同点，自己的个人职业生涯发展规划也就已经形成。

（1）What are you? ——"你是谁?"本意指对自己行为进行一次深刻的自我反思，想想自己到底应该是怎样的人，最好把自己的一些优势和劣势都单独列出来一并对比分析。

（2）What you want? ——"想干什么?"是对自己未来职业生涯发展具体心理发展趋向的具体检查。每个人在不同年龄阶段的学习兴趣和人生目标并不完全一致，有时甚至可能完全互相对立。随着年龄的不断增长和人生经历的不断增多而逐渐变得固定，并最终锁定自己的终生奋斗理想。

（3）What can you do? ——"能干什么?"是对自己职业能力与发展潜力的全面分析总结。个人对于职业的准确定位最根本还是需要归结于其职业能力，而个人职业生涯发展上升空间的大小则直接取决于自己的发展潜力。对自己个人发展潜力的充分了解者还应从个人兴趣、执行力、判断力、知识体系结构等多个方面角度出发。

（4）What can support you? ——"环境利益支持或保护允许干什么?"是对中国环境资源支持的具体了解，包括客观和主观两个方面。其中，客观关系方面主要包括国家经济社会发展、人事管理政策、企业管理制度、职业发展空间等；主观关系方面主要包括公司

---

① SWOT 又称为态势分析法，是由美国旧金山大学管理学教授在 20 世纪 80 年代初提出来的，常用来做企业内部分析方法。

同事间的关系、领导者的态度、亲戚关系等,两个方面都需要好好综合联系起来分析。个人在做自己职业生涯发展规划工作时,总会刻意忽视一些主观因素方面的积极影响,不能将一切有利于自己职业发展的主观因素充分调动整合起来,从而直接影响自己的未来职业生涯发展。

(5) What you can be in the ends?——"自己最终的职业发展目标到底是什么?"在充分明晰前四个关键问题后,找出对自己实现目标的有利和不利条件,列出不利条件,自己应该想怎么做而又最终能够顺利完成职业生涯目标,如此,就等于有了清晰的目标框架。当然,要使职业生涯发展规划行之有效,必须不断地长期评估与调整职业生涯发展规划效果。

(四) 高校学生职业规划实施

1. 职业规划的探索期

职业规划的探索要重视以下能力的培养:

(1) 个人能力的培养。首先是学习能力的培养,必须学会主动学习;其次要注重基础课的学习,因为它包含了发现问题、解决问题的能力,逻辑推理能力,形象思维能力,演绎归纳能力;再次要学会独立处理人际关系,学会交流与沟通;最后要学会尊重自己、尊重他人,还要学会忍耐寂寞与孤独。

(2) 个人兴趣的培养。大学是大部分人的重要人生转折点,也是大多数人接触他人、接轨社会的第一步,所以,这美好的四年时光中,大学生应发现并发展自己的兴趣。大学的学习方式和生活习惯同之前的初高中相比有很明显差异,大学的学习生活主要依靠学生自身,无论何时都需要亲力亲为,离开父母的照顾与庇护,无论做哪些事情都需要更加主动和积极。如今的教育方式和环境同以前也有很大的改革和进步,在拥有良好教育环境的同时,大学生更应当积极探索,开阔视野,努力培养自己的个人兴趣,并为之持续努力和奋斗。

(3) 计划性的培养。随着生活水平的提高,大部分学生的动手实践能力与独立自主能力正在迅速降低。所以,在大学的四年生活中,学生需要有组织、有计划地完善自己的生活和学习规划,以此来提高生活品质,强化学习规律。

(4) 养成调查研究的习惯。对初入社会的大学生而言,很多事情通常考虑得都很单纯,对于大多数事物,往往被其表面现象所迷惑。所以,大学生上当受骗的种种新闻早已屡见不鲜。为了改变这一现象,大学生们应当养成调查研究的好习惯,遇事多思考、多调查,才能探寻到事物的真正本质。

（5）培养处理危机的能力。在人生的短短几十年中，危险与机遇常伴，从出生开始，大大小小的危机便蛰伏在人们周围。大多数时候人们可以提前预知并谨慎处理，但总会有突如其来的意外让人们功亏一篑，前功尽弃，这时只有少数人能够吸取教训，走出逆境，大部分人会因此而一蹶不振，轻言放弃。所以，学生们应当培养相应的危机处理能力，遇到困难时，要勇于面对、咬牙克服，在挫折和困难中磨炼出过人的受挫能力与坚强的意志，在日后面对生活中突如其来的危机和挫折时，能够冷静分析、镇定处理。

（6）学会理财的能力。"财"不单是指学生应当拥有一定的生财之道，或是能够合理地规划自己的财富。换言之，学生们应当拥有一定的学习能力，对自己有提升或是帮助的技艺能力，都值得虚心求教、认真学习。除此之外，还要在实际生活中熟练地运用相应理财能力。

（7）表达能力的培养。表达能力是学生除了专业知识和技能之外最重要的能力之一，一个人优秀的表达能力主要体验在语言表达和文字表达上。善于表达的人，能够在各种情况下镇定自若，在别人毫无察觉的情况下展现自己。因此，学生们应当在生活中的各种社交活动、交流会、演说比赛中虚心学习，逐步提升。

（8）适应能力。适应能力也是初入社会必备的重要能力之一，其表现形式有很多种，包括相应的自我控制能力和遇事时能够辨别是非的能力。

（9）学会认输和放弃。三人行则必有我师，不同的人有各自擅长的领域，在必要时候要学会认输和放弃，虚心求教，勤学好问才是最正确的做法。

（10）学会欣赏。欣赏是中华民族的传统美德之一，正确的欣赏包括欣赏他人和欣赏自己。在日常的生活中，应当学会欣赏他人的付出与努力，并在一定程度上，能够欣赏自己、肯定自己。

上述的能力与技巧都是大学生必备的基础能力，但是想要很好地具备这些能力，就必须在平时的生活中严格要求自己，虚心学习，不断进步。除此之外，大学生还要在学习过程中，了解一些相应的职业状况，学习一些经验思想，为日后的职业规划打下基础。个别对自身要求严格的同学，还可以提前了解相关职位的入职要求，为自己日后的工作职业提前做好充分准备。

2. 职业规划的定向期

在大学的定向期，学生需要大致确定自己的职业方向，了解相应的职业需求并为之做好充足准备。因此，需要制订相应的计划方案：第一，要清楚自身的需求，明确自己的兴趣，确定自身的目标；第二，要对自身的未来有一定规划；第三，积极参加学校主办的社交性活动，如学校的各类社团和各部门的学生会，在此期间抓紧机会积极锻炼，努力培养自身的各项能力,合理运用和检验自身所具备的知识能力;第四,除了学习生活外,尝试参与一些与自身能力相契合的工作或兼职,在工作中,收获许多在书本上学不到的知识与技能,还能够提升自身的责任感,提高自己的动手实践能力,并将所学知识应用到实际工作中去;第五,要重视英语口语的训练和学习,熟练掌握相关的计算机能力,积极参加相应的等级证书考试,在课余时间学习其他对自身有帮助的科目,扩宽自己的知识面,提高自身的综合能力。

3．职业规划的准备期

职业生涯设计准备期的目标是掌握求职技能,为择业做好准备。具体的实施方案如下:

(1)在加强专业知识学习的同时,考取与目标职业有关的职业资格证书或通过相应的职业技能鉴定。

(2)了解搜集就业信息的渠道,向学长、学姐了解往年的求职情况,学习撰写简历、求职信的方法和技巧。

(3)了解相关行业和企业的情况。如果准备出国留学或考研,应首先了解相关留学信息和学校信息,然后开始准备工作。

4．职业规划的冲刺期

职业生涯设计冲刺期目标是成功就业,具体的实施方案包括以下方面:

(1)深入了解相关行业和企业信息,再次检查自己的职业选择是否明智。

(2)强化求职技巧,进行模拟面试训练等。

(3)积极参加各类招聘活动,向用人单位提交简历,参加用人单位组织的面试等。

三、高校学生就业制度与形势

(一) 高校学生就业制度

目前,我国高校学生的就业压力持续增加,主要由于市场经济的加速转型和大众化教育程度的扩大化,导致社会劳动力就业市场出现吸纳力不足的情况。于是我国劳动力市场出现新矛盾,即高校学生就业难。

就业制度是一种体系,即特定的指导劳动就业工作应该遵守的行为规范和工作标准。该体系是党和国家依据不同时期社会与人才供需状况,以及社会的政治经济状况而定,其根本是既要保障人们合法取得就业岗位,又要维护社会就业行为的正常秩序,充分利用人力资源来实现供需平衡。

1. 就业准入制度

就业准入是一种劳动就业制度，是政府或行业组织对从业者是否能够顺利进入行业资格提出明确要求，并按相关规定实行就业准入控制。就业准入制度是根据有关规定，针对从事复杂技术、专业较强及通用性较广的，与国家财产、人民生命安全和消费者利益密切相关的劳动者，须先获得必备的行业职业资格证书再上岗就业的制度。"就业准入"职业资格证书是指劳动者期望进入某个行业必须具备的某种专业知识与技能的证明，考核劳动者的专业技能水平或职业资格，需要按照国家规定的职业任职资格条件，由政府认定的考核鉴定机构来把关。

培训、考核和持证上岗是就业准入制度的三个核心要素。培训，即对劳动者即将进入某一行业或某一职业必备的专业理论知识和技能进行培训。考核，即通过考试确认劳动者是否能胜任所在职位的必备条件。持证上岗是就业准入制度的最后一个核心要素，即用人单位根据行业准入原则招聘并录用具有国家认证许可证书的劳动者。劳动者经过专业的职业培训，获得即将从事某种职业所必需的专业理论知识与技能，从而改善素质结构，劳动者本人的就业与适应变化能力在这一过程中必将增强。

2. 人才聘用制度

公平、平等、竞争、择优是人才聘用制度的核心内容，对建立吸纳优秀人才、充分发挥才华的选人、用人机制非常具有优势。人才聘用制度是事业单位或国有企业对人才选拔与任用的规章制度的总称。

目前，我国国有企业已建立起较为完善的人才聘用制度。例如，企业在选拔专业技术人员或者管理者时可以双向选择。企业除了应由出资人管理与应由法定程序产生、更换的专业技术人员，以及管理者不能更换外，招聘优秀人才的范围可扩大到全国乃至世界。凡是符合招聘条件被录用的人员，都要签订相应的劳动合同。

我国多数事业单位现阶段在人才聘用方面实行的聘用制度，尊重事业单位与职工双方的意愿和权益，双方在意愿达成一致的基础上，签订相关劳动合同，即确定事业单位与职工在法律上的人事关系，同时，明确双方应尽的义务和责任。人才聘用制度的推行，实现了两个重大转变，一个是行政依附向法制管理的转变，另一个是行政依附关系转向平等人事主体关系。这两大转变从一定程度上实现了劳动力就业公平、公正和公开，对维护单位和职工的合法权益大有益处。

（二）高校学生就业形势

高等教育大众化以 15% 和 50% 作为划分标准，将高等教育分成三个阶段："精英化""大众化""普及化"。目前，我国已经全面进入高等教育大众化阶段。现阶段，高校学生面临的就业形势主要包括：①高校学生数量剧增，高校学生就业难加剧，高校每年的学生大幅增加，高校学生数量呈跳跃式增长，而社会对人才的需求则比较缓慢或是与往年持平；②就业结构性失衡现象严重，主要表现包括地区失衡、学历失衡、学科专业失衡；③就业渠道向非公有制单位转变。

随着高校学生数量的逐渐增多，传统的高校学生就业渠道已经发生了变化，实现了由原来的政府部门、国企、事业单位就业向非公有制单位的转变。虽然近年来高校学生报考公务员出现了前所未有的热潮，但真正录取的是少数。

我国处于国民经济和社会发展承上启下的一个重要时期，从各方面因素而言，我国当前就业总体上挑战多于机遇，失业率呈现出逐年上升的趋势。高校学生自主创业比例持续上升，大学高校学生创业的主要动因是"理想就是成为创业者""有好的创业项目"，其中属于机会型创业的高校学生占创业总体较大比重。培养创业意识是提升大学高校学生自主创业能力的有效途径。

四、高校学生职业规划的要素与就业信息准备

（一）高校学生职业规划的要素

职业生涯规划可以参考他人，但必须因人而异、突出自我。职业生涯规划的三大要素分别为：知己、知彼、抉择。

1. 职业规划要素——知己

知己、知彼是抉择、目标、行动的基础。知己是对自己的了解，职业生涯规划的重要前提是认识自我，只有认识自我、了解自我，才能有针对性地明确职业方向，而不能盲目同化。知己需要考虑的因素有六个方面：①个人的兴趣、爱好与特长；②个人所选定的目标与理想；③个人的情商；④个人的价值观；⑤个人的教育背景与能力；⑥个人的生理情况，包括性别、健康、体能诸因素。认识自我是对自我深层次的解剖，了解自己能力的大小，明确自己的优势和劣势，根据过去的经验、经历，选择推断未来可能的工作方向，因此，自我认识一定要全面、客观、深刻。

2. 职业规划要素——知彼

知彼就是熟悉周围的环境，探索外在的世界，特别是与生涯发展有关的工作世界。包括行业的特性、所需的能力、就业渠道、工作内容、工作发展前景、行业的薪资待遇、组织的需求、社会的需求、科技的发展、经济的兴衰以及政策、法律的影响等。知己是了解自己本身的特性，知彼是了解工作舞台的特性，两者具有密切的关系。

3. 职业规划要素——抉择

抉择包括抉择技巧、抉择风格，以及抉择可能面临的冲突、阻力、助力等。确定的个人生涯目标要符合现实；对从事的职业要感兴趣，而不是被动地去干；所从事的工作能发挥专长，利用了个人的强项，对工作环境能够适应，而不是处处感到困难，难以生存。这就说明职业生涯规划做到了知己、知彼，做出正确的抉择。

（二）高校学生职业规划的就业信息准备

就业信息是指通过各种媒介传递的有关就业方面的消息和情况，如就业形势与政策、供需情况、招聘活动及用人信息等。

1. 就业信息收集

（1）各高校的主管部门。高校的学生就业办公室或就业引导中心是高校学生就业的重要主管部门，能及时掌握国家有关就业政策规定、地方的有关政策、各地举办"双选"活动的信息、有关用人单位简介材料及需求信息等。他们提供的信息无论是数量还是质量，都具有明显的优势，因此，这应该是大学生获取就业信息的主要渠道。

（2）各级就业主管部门和就业引导机构。教育部每年都要制定高校学生就业的有关方针、政策，各省、自治区、直辖市的主管部门也要相应地制定地方性实施意见，各省市的高校学生就业引导机构也要开展信息交流和咨询服务。这些都是高校学生获取就业信息的重要渠道。

（3）"双向选择""供需见面"会。通常是一省举办或几省联办，有的是地、市、县联办或单独举办，也有的是由一个高校举办或多校联合举办，甚至有的是一个行业举办或几个行业联合举办的。通过这种活动来组织高校学生和用人单位直接见面，不仅可以直接获取许多机会还可以当场拍板，签订协议，比较简捷有效。

（4）有关新闻媒介与各种社会关系。高校学生就业作为社会普遍关注的热点问题，近年来也引起了新闻界的普遍重视，有关就业热门话题讲座、招聘广告等时常见诸报端。本专业的教师比别人更清楚学生适合到什么单位就业，而且往往在科研协作、兼职教学中与对口单位有着广泛的接触；校友大多在对口单位工作，了解所在单位的情况，通过他们可以获得许多具体的、准确的信息；家长和亲友对高校学生就业更为关心，他们与社会的方方面面有一些联系，也可以帮助提供就业信息。

（5）社会实践、毕业实习或业余兼职。高校学生通过与社会的接触可加强与有关用人单位的联系，增进彼此间的了解，以便直接掌握就业信息。

（6）用人单位。高校学生开始求职时可以向自己认为适合的用人单位写自荐信，确定重要目标后，通过电话预约，这种也是获取就业信息的途径之一。

2. 就业信息处理

高校学生在求职择业过程中获取的信息数量很大，这就要求高校学生根据自己的实际需要对收集到的信息进行处理，去伪存真、去粗取精，提高就业信息的针对性和时效性，以便更好地为自己的求职择业服务。处理就业信息时，应注意以下问题：

（1）科学地掌握就业信息。高校学生在择业过程中需要掌握的就业信息很多，但要分清主次轻重。对于那些重要的就业信息，高校学生应通过正规的渠道来获取。

（2）准确地理解就业信息。高校学生获取就业信息的渠道多种多样、真伪难辨，尤其是就业政策中的特殊规定、社会需求信息中的特定要求、用人单位信息中的工资福利待遇及进修培训部分，应特别注意并准确地理解，否则会使高校学生做出错误的选择或使自身的合法权益受到损害。

（3）有针对性地筛选就业信息。在处理就业信息时，应舍去不适合自己的信息，及时、有针对性地保留或者寻找适合于自己的社会需求信息，从而节省宝贵的时间和精力。

高校学生就业信息的利用途径：①信息是具有时效性的，要尽快与用人单位取得联系，建立协约关系；②按照就业信息的要求及时调整自己的知识、技能结构，提高自身的工作能力，弥补原来的不足；③及时输出对他人有用的信息。

第二节　高校学生职业规划教育服务机制

一、创设职业规划教育专业团队

职业规划教育需要匹配相应的教师，需要建立一支师资力量强大的教学队伍。师资队伍对学生的生涯规划的构建非常重要，学校在建立职业规划设计队伍的过程中，需要联系学校为学生设立的人才培养目标来匹配教师。教师的招聘可以是多种形式的，可以兼职，也可以是专职的，还可以是从其他企业中借调过来指导的。

此外，学校还应该建立职业指导授课团队。授课团队中应包含学校各个年级的辅导员，辅导员是授课团队的基础。另外，还应该聘请专家学者负责指导学生的职业规划，学校应为职业指导授课团队中的老师提供专业的培训，让老师掌握就业过程当中涉及的人力资源知识、管理学知识、教育学知识。从老师的角度来讲，作为职业指导授课团队的一员，应督促自己学习，要主动付出，换个思维方式，从学生的角度考虑学生的需求，以此来更好地满足学生的需求。团队中的专业指导教师应该由具有一定社会威望或专业知识能力过强的人来担任，只有这样才能保证举办活动的专业性、有效性。

二、应用职业规划教育服务专业化技术

职业规划包含非常多的步骤，首先学生应该对自我有充分了解，然后分析当前的就业市场，选择适合自己的职业，随后付出自己的努力不断地向着职业规划的目标前进。学生在自我了解、自我认知时，应该了解自己的兴趣爱好、性格特点及具有的工作能力。当前的大学生虽然对自己有一些了解，也知晓一些社会工作的流程，但是对自我心理的认知比较弱。职业工作对心理方面的要求很高，而且不同的职业要求的心理态度不同。为提高学生自我心理认知能力，学校可以训练和培训学生，如学生的兴趣爱好发展一直变化，随着学生年龄的增长及学习环境的改变，很多学生年少时的梦想已经与现在的梦想相互背离，学校可以有意识地对学生的兴趣爱好进行针对性培养，让学生的爱好更符合时代发展的需要，更加符合社会工作的需要。学生对个人能力的认知也会有一定差异，有些学生对自己的能力非常自信，有一些学生认为自己的能力极差，这些错误的认知都会使得学生对自己的能力做出错误判断。要想让学生正确地认知自己，需要学生参加社会实践，通过实际的经历可以让学生对自己，形成清晰、准确的认知。学生在评估自己的过程中，可以使用专业的测评工具，下面探讨国际上比较认可的测评工具：

第一，MBTI（16型人格测试）。MBTI这种测量工具从四个维度为学生提供探索，并会给出学生更加适合某个职业的理由。这四个维度（外倾与内倾、实感与直觉、思维与情感、判断与知觉）如同四把标尺，每个人的性格都会体现在标尺的某个点上，这个点越靠近哪一端，就意味着个体具有这一端的偏好，越靠近端点，偏好越强。

第二，霍兰德[①]兴趣量表。霍兰德的生涯理论把人从性格特点的角度分为六种类型，并对每种不同类型的人都给出了针对性的职业环境模型。他将六种人分别命名为：现实型

---

① 约翰·霍兰德（JohnHolland）是美国约翰·霍普金斯大学心理学教授，美国著名的职业指导专家。

人格类型、研究型人格类型、社会型人格类型、艺术型人格类型、传统型人格类型以及企业型人格类型。不同的特征类型和职业之间有不同的匹配度，相互匹配的人格类型和职业能够让工作者对职业更满意，更容易获得工作的成就感，也能够让职业工作更加稳定。

第三，施恩的职业锚①。首先，让学生有正确的职业理想和职业理念，然后帮助学生寻找到适合的职业方向；其次，让学生了解自己，对自己有全面的认知，尤其是认识到自己的潜在特点，如技能、兴趣、性格特征等，学生自我分析，主要分析自己的身心特点、自身优势以及自我发展的局限性，通过这些分析来选择匹配的职业；最后，让学生了解职业的所属类型，特别是与自己所学专业相关的职业类型，然后对学生进行职业能力测试，帮助学生锁定未来的职业发展目标。这些都需要使用自我评价的相关软件或系统，通过系统或软件分析数据能够判断出个人的能力水平、素质水平，通过能力和素质水平的分析和匹配，学生可以找到适合自己的职业目标。

第四，学生在了解自己未来的职业发展类型后，可以根据发展类型来设置大学期间的学习目标，并付出努力不断地向目标靠近。学生在毕业之前明确自己的职业规划时，可以使用以上方式，确定自己未来的职业发展方向，并根据测试给出的数据进行精准设计。例如，如果自己的实践动手能力不足，可以在大学期间加强实践方面的培养，积极参加实践活动，以此保证自己能够更加适应未来的职业发展。

如果具备较高的胜任力素质，那么学生更可能成功地就业，尤其是当学生正好具备企业所需的胜任力素质时，非常容易成功入职。因此，从学校的角度来讲，如果学校可以使用胜任力素质相关的软件或工具，对学生进行针对性的指导，提高学生的胜任力素质水平，那么学生将有可能更顺利地就业。以往学校在就业方面的指导过于注重理论知识的学习，这种模式显然不够适合当今的学生就业发展，培养学生的胜任素质能够将学生的潜在潜能转化成学生实实在在的能力和素质，对学生未来的工作至关重要。

此外，如果学生的潜能能够被充分挖掘，学生的技能能够得到针对性、计划性的培养，那么学生将会在就业过程中更具竞争力，学校也可以根据学生胜任力素质的评价结果，有针对性地为学生制订能力培养计划，帮助完善学生的能力素质结构。不仅能够让学生更好地就业，让学生具备更强的职业能力，还能够为学生日后的职业发展提供技能方面的支持，有助于学生更好地工作。

---

① 施恩职业锚测评量表，是美国著名的职业指导专家施恩教授编制的专业测评量表。对斯隆商学院44名MBA毕业生进行长达12年的职业跟踪研究，包括面谈、跟踪调查、公司调查、人才测评、问卷等多种方式，最终分析总结出了职业锚（职业定位）理论。

第三节 高校学生就业心理与价值取向

一、高校学生就业心理分析

随着国家经济社会的快速发展，特别是第三产业的快速增长，作为当代毕业生，在日趋严峻的就业形势和激烈的竞争下有了更多的选择机会，但他们也承受着更大的心理压力。正确认识和分析高校学生的就业心理问题，给予其积极的心理指导，对于培养健康的就业心理，促进高校学生顺利就业，推进高校就业指导工作和毕业生心理健康教育工作的深入开展，具有重要的现实意义。

（一）就业心理的影响因素

经济增速的放缓、产业结构的调整，导致部分行业就业需求下降，高校人才培养与社会需求间的结构性矛盾问题长期存在，供求关系自然会显得紧张，"最难就业年"的提法可能会长期存在，就业难成为常态。破解高校学生就业难题是一项长期的、艰巨的民生工程，做好高校毕业生就业工作，关乎经济升级、民生改善和社会稳定。产生就业心理问题的因素如下：

第一，社会因素。处在社会转型阶段，人们的价值观念、行为准则和思维方式也都相应随之变化，这就彰显出毕业生选择就业岗位的多元性。但是受功利主义、实用主义或利益驱使等不良社会现象的影响，导致很多毕业生在选择职业时会放弃自己的理想或职业目标，舍弃长远职业规划而优先考虑眼前利益，选择当下收入待遇最优的岗位。

第二，学校因素。当今很多高校对毕业生的就业指导多在思想、政策教育和就业形势等方面，而对他们真正需要的求职能力、心理健康等方面的教育有所欠缺，无法满足他们的实际需求。

第三，自身因素。首先，当前经济社会发展迅速，社会对人才的要求更高，而由于多方面原因，很多毕业生的能力和综合素质无法满足社会需要；其次，由于毕业生尚未走向社会，心理机制尚且不成熟，无法正确认识自我，就业时往往盲从随大流；最后，高校毕业生社会实践不足，对自我认知偏高或偏低，第一次职业选择思想准备不足，现实工作和理想中落差太大，难免造成心理失衡，可能引发心理问题。

每年都有新的就业群体，就业形势和就业环境也是处于不断变化之中，而建立符合现实需要的就业举措，形成长效机制，迫在眉睫。

（二）就业心理的应对方法

当前毕业生的就业心态存在很多问题，如何有效开展毕业生就业心理指导，改善毕业生的就业心理，是各个高校应重视解决的问题。需要做好以下工作：

1. 指引学生树立正确的择业观

很多高校毕业生的就业期望普遍较高，应该帮助他们树立正确的择业观，按照每个人的实际能力和兴趣特长以及现实工作需要设立可行性的择业目标。引导毕业生树立正确择业观，应遵循以下两个原则：

（1）立足社会现实。高校毕业生择业时应该遵循社会大环境要求，不能一味追求"自我"，应将个人理想与社会需求联系。

（2）面对社会现实。毕业生应对自我有清晰而准确的认知，在性格、能力和理想目标等方面做出客观分析。此外，还要了解清楚当前的就业形势，洞察社会对人才的需求变化，避免求职时随波逐流。另外，毕业生在择业时，应调低对工作的期望值，甘于从基层做起，放低姿态勤勤恳恳，努力适应社会环境和现实工作的需求。

2. 增强就业中心理咨询的工作

高校毕业生的就业压力从未减轻，由此导致的心理问题亟待解决，应尽快从以下两方面着手改善：

（1）帮助毕业生建立良好的择业心理机制。首先，引导学生树立长远的职业意识。职业意识指的是，人们对即将选择的职业的性质、特点及社会价值的全面认识。毕业生择业时容易受眼前利益驱使，应该培养他们树立长远眼光，建立长远的职业规划，选择适合自己的工作最重要；其次，培养毕业生良好的职业性格。很多用人单位在招聘时，都十分看重求职者的性格，正向乐观的性格很受青睐，这会帮助学生建立良好人际关系，创造有利的工作环境；最后，训练学生求职技巧。求职就是推销自己，要讲究技巧，可以通过讲座的形式，向毕业生讲授写简历和求职面试的技巧。

（2）引导毕业生提高心理调适和心理承受能力。毕业生求职难免遭遇挫败，也难免会有失意情绪，因此，要引导他们正确对待挫折，树立乐观心态，提高抗压和抗挫能力。心理辅导要注重培养他们的意志力、忍耐力和创造力，以及如何控制情绪、参与竞争等积极向上的心理态度，克服消极悲观、自卑焦虑等消极心理的干扰。当受到挫折后感到失意痛苦时，应采取合理的方式发泄，要鼓励他们树立乐观积极心态，要及时分析产生悲观情绪的原因，努力调整心态，增强择业时的自信心。

二、高校学生就业价值取向分析

（一）高校学生就业价值取向的变化及特点

第一，看重职业的稳定性。受新型冠状病毒肺炎疫情影响，高校毕业生更注重工作的稳定性。很多毕业生宁愿选择暂时不就业，也要选择等待专业类招聘考试，如教师招考、公务员考试、护理专业医院招考等。

第二，选择回生源地就业。就业指导和创业指导线上课堂显示，大部分毕业生更愿意选择返回生源地就业。而选择去北上广深等一线城市的毕业生比例相对很小，一方面由于专科生的专业能力和工作岗位资源有限，且大城市的房价过高，工作生活压力都很大，没有归属感，最终还是无法留下；另一方面由于生源地的地级市发展前景十分广阔，各类基础设施逐步完善，发展潜力巨大。回到家乡，生活习惯一致，感情上家人都在身边，城市接受感、归属感较高，幸福感较高。

第三，热衷于继续升学深造。当前越来越多的高职学生倾向选择升学。一方面，由于大专生专业水平不足，工作岗位多集中在一些小微企业。而疫情对小微企业的冲击是最残酷最直接的，导致毕业生自信心下降，不愿就职于这类企业。另一方面，有些合适的工作岗位与本科生有所重叠，显然大专生的学历优势不足，因此，更多人选择升学，提升学历的同时也相应增加了就业机会。

（二）高校学生就业价值取向标准与意识

1. 高校学生就业价值取向标准

价值取向标准更加务实与理性。作为对高校学生职业选择方向影响深远的要素，高校学生的职业价值评价指标具有明显的多样化特征，涉及经济收入、职业前景、专业技能、社会地位、职业兴趣以及劳动强度等多方面内容。传统计划经济时代的社会担当是社会职业价值观倡导的主要内容。从价值判断衡量标准来看，高校学生作为独立个体贡献社会发展的程度成为主要的标准之一。因此，出于提升社会地位、实现个人理想和规划目标的考虑，多数高校学生都尽可能地想尽一切办法供职于国家机关或企事业单位。在社会主义市场经济体制建立和不断健全的过程中，高校毕业生数量逐年攀升，用人标准也逐渐提高，高校学生职业价值取向也随之更加理性化且贴近现实。

具体来讲，理解这种更加趋向于理性化和现实性的就业价值取向应从两方面入手：

（1）具体化的高校学生职业价值评价标准，如首要考虑薪酬和个人职业发展规划。高校毕业生在择业时往往会将职业环境、职业兴趣、职业发展趋势等作为重要依据，与之相对应，在评价高校学生就业取向时，也会重点考虑工作回报、发展规划等。通过对比这些元素不难发现，计算机行业、金融产业、外资企业等成为高校学生的首选就职行业，其中尤以沿海地区和大城市的这些行业受青睐。

（2）国家扶植政策逐渐向中小企业和中西部地区偏移，如"高校学生志愿服务西部计划""三支一扶"等有利政策。与此同时，社会舆论也在对这类政策的推广进行正面倡导。在这种就业创业大环境下，很多高校学生在走出校门后，开始将目光投向中小企业，甚至是自主创业，因为他们择业的自主性更强、方向性更明确。高校学生择业时也放低了姿态，高校普及的就业到西部地区、就业到基层单位、先就业再择业等理念越来越为更多高校学生认可，在推动高校学生健康就业、自主择业和实现个人成长与进步方面意义深远。

2. 高校学生就业价值主体与竞争意识

在市场经济发展日新月异的时代背景带动下，就业环境也发生了翻天覆地的变化，并带来了就业竞争日益白热化的就业压力，越来越多的高校学生正在面临着就业难的困境，也使其开始理性思考，从而在应对残酷的就业市场时更加积极乐观和心态平和，甚至可以调整自我就业价值取向和职业选择，以适应就业市场的现实需求。此外，很多高校学生也逐渐开始直面社会和就业市场，以健康向上的心态领先拥有主动权，这也从侧面证实了高校学生日益强化的就业主体意识和竞争意识。

此外，越来越多的高校学生在面对就业问题时，关注度越来越高，积极性也得到了提升。例如，很多学生开始关注国家相关部门的就业政策和就业数据，从中获得自身在就业市场中的优势和劣势，以及就业成功的概率等，然后根据这些现实数据提升自我素质和综合能力，造成这种现象的原因与市场竞争压力越来越大不无联系。同时，这种现象也集中体现了高校学生在就业过程中实现自我消极心态的调整、自我竞争意识的加强以及就业心理机制的成熟化。

（三）高校学生就业价值取向错位原因

1. 自我定位不明确

对高校学生而言，树立合理的就业价值取向十分重要，而作为科学就业价值取向的重要内容，拥有明确的自我认知和定位对高校学生健康就业、科学就业意义重大。简言之，自我职业定位主要包括以下内容：明确认识自身的长处和短处，客观看待自身的兴趣和爱好，理性评估自身的知识和技能，整体把握"双商"和社会资源等。同时，明确的自我职业定位还应该包括周密分析预计从事的职业，如职业类型、职业规划、职业特色等。只有做好这些工作，才能实现自身资源优势的最大化作用发挥，才能尽可能地契合社会的现实需求。

而现阶段高校学生就业难的现实，往往是因为他们缺乏明确的自我职业定位认识，如有的高校学生职业定位的树立与社会现实严重脱节，无论是感性层面，还是理性层面的，均无法对它的重要性有明确的认识。同时，高校学生还存在部分心态问题，看不起薪酬低、待遇差的工作，找工作的重点是薪酬、待遇和工作的清闲度是否与自身诉求相吻合。职业定位过低对很多高校学生而言，同样是一个严峻的问题，过低的职业定位虽然可以很容易找到一份满足的工作，但是，专业不对口、知识和技能施展受限等问题不利于学生自我价值的实现，导致学生职业满意度降低。

2. 高校对学生创业支持力度不够

长期以来，各高校也在逐步探索提升学生创业观念和能力的有效路径，如现阶段较为普及的自主创业培训课程设置，但这种非专业化和非系统性的培训所起到的作用往往微乎其微。因为，从课程内容角度来讲，这些自主培训课程往往由非专业的教师或者对外邀请一些成功创业人士来分享创业的简单流程、相关政策、基本技巧等。在这个过程中普遍会存在重理论知识、轻实战演练的问题，同时，培训对象也需要由一些参加过创业大赛的学生向外进一步拓宽。此外，教师在教学经验、实战经验、办学经验等方面需要进一步增强，而这类培训课程也需要充足经费支持，课程内容的设计也需要进一步提升科学性和系统化。

3. 社会价值观的冲击

高校是一种特殊的社会组织，承载着传承、生产、集散、创新思想文化的重要职责，这也就意味着社会思潮对其影响巨大。高校学生是各种新鲜事物最快的接触者和反应者，因此，各种类型的价值观念都会影响他们建立就业价值取向。具体来讲，影响高校学生正确就业价值观形成的主要因素集中表现为传统文化和西方文化两个方面。

（1）传统文化中的消极因素。源远流长的中国传统文化凝聚着先人五千年的智慧和血汗，为社会主义现代化建设发挥着重要的精神指导作用。但其中仍旧存在一些影响高校学生正确就业价值取向养成的消极因素。

（2）西方文化思潮的渗透。改革开放进程的不断推进，为中西方文化的交流和渗透开放了良好窗口，经济全球化浪潮的席卷，一定程度上加快了西方文化思潮在我国的渗透。西方文化思想中的个人主义、自由主义等严重制约着高校学生科学就业价值观的养成，更严重的是造成了意志观念薄弱的高校学生错位的就业价值取向，进而导致高校学生沉溺于物质世界，专注于个人利益的获取、个人需求的满足，而忽视了对社会、对集体的责任。

引导高校学生树立正确的就业价值取向就是要通过有机融合我国的就业政策和高校学生精神层面的现实需要，营造有利于学生正确就业价值观养成的良好社会氛围。而要实现这一目标，就需要社会各阶层的集体力量发挥，通过培养学生的独立思考能力、分辨能力，形成个人思维，从而确保顺利就业。

（四）高校学生就业指导价值取向教育

高校在提升学生自我意识和专业能力、引导学生找准职业定位等方面发挥着无可取代的重要作用。引导学生养成正确就业价值观，让学生掌握基础的理论知识只是其中一方面，更为重要的一点是让学生树立明确的就业定位，以及形成客观的自我认识，这就需要正确的就业价值取向发挥作用。

1. 教育学生树立正确就业价值观

就现阶段而言，造成学生就业价值观扭曲的主要是因为部分学生自视过高，从而导致对自我认识客观偏离。针对这种现象，学校要加强对学生就业价值观的引导，如积极开展各种讲座以及多种兼具系统性和实践性的课程等，通过这些正面的积极引导，让学生对当前环境下的就业趋势、个人在就业环境中的竞争力情况等有明确、客观的认识。此外，就业指导部门等社会力量在指导学生就业方面同样发挥着重要作用，要积极发布实时的就业信息，为学生提供更多就业机会，引导学生做出正确的就业选择。

2. 就业指导课程增添就业价值取向教育

鉴于高校学生就业价值观养成过程中的诸多问题，高校要积极承担教育责任，既要教书，即为学生传业、授道、解惑，又要育人，即要完善就业指导课程设计，加强对学生开展道德教育、创业意识教育以及集体主义、奉献精神教育等，从而提升高校学生的就业平等观和就业竞争观，推动学生形成正确的就业价值取向。

之所以要将就业价值取向教育纳入就业指导课程体系，主要原因在于当前的教育课程体系所暴露出来的观念陈旧、内容与现实脱轨等问题较为严峻，学生的理论知识尚可、实践能力不足，就业情况堪忧。因此，优化课程设置、更新教学内容十分必要。具体而言，要提高课程的针对性，充分考虑学生在培养规格、培养方向等方面的差异化，要规避为了设置"高大全"的课程而刻意设计的现象,以强化各相关课程之间的内在联系,实现教学资源作用最大化发挥为出发点来优化课程设置。同时,在设计课程时,要提升相关课程之间的交叉互动性,双重拓展学生的思维宽度和思维广度,学科视野不断延展,以跨学科交叉与现实需求的相联系,推动学生专业能力和专业水平显著提升。

此外,还要重视对学生结构的优化和调整,要注重对学生职业技能适应经济社会快速发展的教育力度,要确保学校教育与全球化进程的同步性。人才市场作为学生就业信息和就业情况的窗口,要对学生培养向着应用与开发领域拓展提出更高要求。正是出于以上要素的考虑,才不得不调整高校学生教育结构,以不断满足社会发展和时代进步衍生出的现实需求。

第四节 高校学生就业能力提升的创新策略

做好高校学生就业工作是一个系统工程,在全面深化改革的形势下,就业竞争力是高校学生的核心竞争力,也是学校的核心竞争力,提升高校学生就业能力应当成为高校人才培养的重要任务。

一、深化高校学生教育改革与人才培养

提高质量是高等教育的关键,衡量高等教育质量的第一标准就是看人才培养的质量,检验一所大学人才培养质量的最主要标准是看其培养的学生能不能顺利就业,以及就业质量的高低。提高质量是世界各国进入高等教育大众化阶段后面临的共同问题,也是我国高等教育发展的必由之路。当前,我国的高等教育形势发生了深刻变化,要破解热点、难点问题,必须加快推进教育治理体系和治理能力现代化,深化改革。

(一)深化高校教育改革

人才培养是高等教育的本质要求和根本使命,是高校工作的中心,一切工作都要服从和服务于学生的成长成才,着力提高学生服务国家人民的社会责任感、勇于探索的创新精神、善于解决问题的实践能力,真正培养出德智体美劳全面发展的社会主义建设者和接班人。

1. 提升高等教育质量

当前,提升高等教育质量的重要性和紧迫性尤为突出,人才资源是第一资源,国际竞

争的核心是人才的竞争。站在一个新的起点上，面对经济社会发展的新形势、新任务，必须进一步提高认识、统一思想，把提高高等教育质量，特别是提高人才培养质量，作为最核心、最紧迫的任务，坚定不移地深化高等教育改革，推动高等教育的内涵式发展，建设高等教育强国。

进入经济全球化时代，信息网络技术广泛应用，资金、技术、人才流动频繁，新的科技革命拓展了科学研究的领域，不同学科交叉融合加速，区域化、集群化、网络化创新模式不断涌现，人类社会发展呈现新特征，高等教育理念与模式也随之发生了革命性变化。慕课、微课对传统大学课堂教育形成挑战，人们的学习方式发生着深刻变化，教育正在从学校教育向终身教育延伸，要求高等教育提供灵活便捷和个性化的教育服务。用人单位和毕业生自身要求高等学校培养的人才，不仅能在初出校门的时候迅速适应社会的需要，而且具有后发优势，做到可持续发展。

2. 优化高等教育结构与招生制度

改善大学评价指标体系，把人才培养质量作为对大学评价的最重要内容，通过分类评价推动高校分类发展，破解同质化的局面，引导不同高校办出特色，以科学评价为基础，通过绩效拨款，引导高校内涵发展、提高质量。要解决社会对人才的急需和高校学生就业难的矛盾，提高高校学生就业能力，提升教育服务经济社会发展的作用，关键要在高等教育的结构和考试招生制度上有所突破。

（1）优化高等教育的结构。学生所报的大学和专业是考生及其家长非常关心的话题。虽然国家教育主管部门不断扩大办学自主权，然而，一些学校不顾自身条件，盲目开设新专业等现象，造成了办学特色不明显、毕业生就业难、教育资源浪费等问题是不争的事实。深化教育改革，首先，应该在国家和地区层面，优化高等教育结构，完善高校战略布局，调整学科专业、类型、层次和区域布局，促进高校合理定位、各展所长，在不同层次、不同领域办出特色、争创一流。其次，要鼓励高校办出特色，探索建立高校分类体系，制定分类管理办法，克服同质化倾向，根据办学历史、区位优势和资源条件等，确定特色鲜明的办学定位、发展规划、人才培养规格和学科专业设置。教育主管部门要通过评估，对于某些学校中师资力量不足的专业、无人问津的专业，坚决予以撤销。质量是高等教育工作的生命线，特色是高等学校发展的竞争力。只有专注，才能办出质量、办出水平；只有发挥特色优势，才能办出一流、办出生命力。

（2）优化考试招生的制度。深化考试招生制度改革，就要发挥好高考指挥棒的导向作用，整体设计从基础教育到高等教育考试招生制度改革，扭转片面应试教育倾向，促进普通教育、职业教育、继续教育之间衔接沟通，适应经济社会发展对多样化高素质人才的需要,增加学生选择权,促进科学选才。在考试内容上,要依据高校人才选拔要求和国家课程标准,科学设计命题内容,增强基础性、综合性,着重考查学生独立思考和运用所学知识分析问题、解决问题的能力。

同时,积极探索建立多种形式学习成果的认定转换制度,试行普通高校、高职院校、成人高校之间学分转换,实现多种学习渠道、学习方式、学习过程的相互衔接,给学有专长的学生转学、转校提供切实可行的政策支持,为人才成长提供更广阔的空间。

(二)深化高校学生人才培养

深化高校内部改革,目标就是要提高高校服务社会经济发展的水平,其显著体现就是毕业生都能够顺利就业、高质量就业。

1. 提高人才培养质量

我国是世界高等教育大国,但跻身世界一流行列的高校并不多。部分高校缺乏危机感、紧迫感,改革动力不足,还没有真正把人才培养质量摆在生命线的高度,对提高人才培养质量缺乏战略谋划,投入的资源和精力不足。

(1)深化改革要进一步转变办学理念。我国高等教育发展取得显著成绩,一个重要原因是教育管理方式的改革和管理水平的提高。当前,高校工作还存在不少问题,学生创新精神、实践能力还不足,办学活力还不够,教育与经济社会发展的联系还不紧密,国际竞争能力还不强等。产生这些问题的根本原因在于管理理念落后、管理体制落后,以及由此带来的管理方式落后、管理能力落后。高校扩招以后,不少学校基建投入很大,但是新校区、新大楼、新设备并不等于人才培养质量,扩大规模、争取项目也不等于提高教育教学质量。

另外,高校需要坚定不移地走内涵式发展道路,加快提高教育质量,着力提高人才培养水平。转变观念要求我们必须狠抓落实,积极稳妥,务求实效,促进改革,针对制约教育科学发展的重点问题和人民群众关心的热点问题,切实增强服务经济社会发展、服务学生全面发展的能力,加快向高等教育强国的赶超步伐,为全面建成小康社会提供坚强有力的人才支撑和智力支持。

(2)深化改革要牢固树立以学生为本理念。学校之所以存在是因为有学生,没有学生就无所谓学校。学生的学费和国家按照学生人数划拨的事业费是学校的主要收入来源,对独立院校和民办院校而言更是如此,仅从学校的办学经费来源就足以说明是学生在支撑着学校的运转,学生不仅是受教育者,也是教育的投资者和消费者。以学生为本是现代大学制度的要求,也是办好让人民满意的大学的要求。高等教育大众化使得学生上大学的目标多元化，学生对学校的要求也日益多样化，学生不再仅仅局限于能上大学，还希望享受到一流的硬件设施和软件服务。随着社会发展进步的速度不断加快，广大学生和家长对学校的要求不断增加。学校做决定、办事情，要多站在学生的角度考虑问题。

（3）深化改革要全面服务学生的成长成才理念。人才培养是提高质量的重中之重，既要从长远考虑，又要从基础着手，特别要从当前的突出问题抓起。以学生为本，以教学为重心，以人才培养为重点，创新人才培养模式，引导学生转变学习方式，调动学生学习的积极性，全面提高学生素质。

在高校人才培养、科学研究、社会服务、文化传承创新四大职能中，人才培养是核心，是一项长期性、系统性、基础性工作。要提高人才培养质量，促进学生全面成才，单靠某一方面的改革难以奏效，需要全面深化综合改革，突出改革的系统性、前瞻性、协同性，整体推进体制机制改革和制度创新。推进学校治理结构和治理能力现代化，推进法人治理结构改革，主要包括建立和完善现代大学制度，深化人事制度改革，加快高水平教师队伍建设，改革学科和科研体制机制，提高学科水平和科技创新能力，深化资源配置模式改革，提高资源配置效益，深化行政管理改革，实现管理与决策执行的规范廉洁高效等，推进人才培养模式创新，提高人才培养质量，探索建设特色鲜明大学的发展模式。

思想是行动的先导，观念决定一切。让体制、机制、工作模式有利于学生的成长和发展，需要统筹各方力量，形成强大的教育合力，把教育学生做人、做事与做学问结合起来，把教育与管理服务结合起来，把教师的教育与学生的自我教育结合起来，把解决学生思想问题与实际问题结合起来，帮助指导学生全面协调发展。

2. 加深人才培养一体化

深化教育综合改革是一个涉及政、产、学、研、用的系统性问题，深化高校内部改革首要的任务是解决人才培养的一体化问题。要落实立德树人，把科学精神、思想品德、学识能力和人文素养的培养贯穿于人才培养的全过程，着力提高学生服务国家和人民的社会责任感、勇于探索的创新精神和善于解决问题的实践能力。根据人才成长规律，进一步细化系统思维和顶层设计，着力增强各项改革发展举措的系统性、整体性、协同性，不断完善协同育人机制，构建人才培养的一体化格局。

（1）招生、培养、就业的一体化。招生、培养和就业是高校人才培养的三部曲，三者相互联系、相互影响、密不可分。招生生源的优劣直接影响人才培养质量的高低，人才培养质量又直接影响学生的就业质量，就业质量反过来又直接影响生源质量，建立招生、培养、就业一体化的联动机制，有助于人才培养质量的不断提高。目前，教育主管部门对高等学校明确提出了向全社会公布就业质量报告的要求。毕业生就业的基本数据、就业状况、社会评价、用人单位的信息反馈等方面的数据积累与调查分析已经基本形成，但是对人才培养部门的反馈力度还有待进一步加强；根据反馈进行专业调整、培养方案完善等工作需要进一步加强；就业状况与招生规模、专业结构、培养模式、教学评估、学科建设等相挂钩的联动机制尚未建立；同时，对毕业生的职业发展状况需要连续进行追踪。

深化改革，一是要以社会需求为导向，根据社会的需求变化，设置和调整专业，制订招生计划和人才培养方案；二是要以考试招生制度改革为契机深化学校的招生录取改革，加大宣传，吸引优质生源；三是要以扎实的专业能力和较高的综合素质为目标，主动适应经济社会发展的需要，紧密结合重大产业工程、科技创新工程的需求，加强学生社会责任感、创新精神和实践能力的培养，使毕业生真正能学有所得、学以致用、创有所成，不断提高培养质量；四是要加强就业市场维护与开拓，完善职业生涯与就业指导课程体系建设，丰富就业指导的内容和形式，加大探索创业指导和实践，不断提高就业质量。

（2）教学与科研的一体化。科教融合是一流大学发展的内在优势和必然要求，全面提高高等教育质量，必须将多方面的办学优势转化为人才培养的新优势。无论是高考，还是报考研究生，学生选择大学时的一个重要标准是看这个学校的学科专业优势及其排名、为国家社会贡献的科研成果数量与质量，以及该校教师在社会上的知名度与学术声誉。无论是学校层面，还是教师个人，重科研、轻教学的现象普遍存在。

深化改革，一是要更新思想观念，借鉴国际著名高校经验，巩固本科教学基础地位，把教授为本科生上课作为基本制度，将承担本科教学任务作为教授聘用的基本条件，只有科研成果有效转化为人才培养的资源，高等教育质量才能全面提高，高等教育才能真正做强；二是要制定政策，借助激励与考评，推动实验室全天候开放，推动高水平的实验室和科研平台向本科生开放，鼓励教师通过课堂、实验等将科研成果固化成教学资源；三是实行本科生科研导师计划，让学生近距离地感受到高水平教授的治学风范，了解相关学科的最新前沿，鼓励开展专业核心课程教授负责制试点，倡导知名教授开设新生研讨课，激发学生专业兴趣和学习动力，定期开展教授为本科生授课情况的专项检查，着力解决人才培养和教育教学中的重点、难点问题。

（3）德育教育与专业教育的一体化。德育教育和专业教育是人才培养工作发生在同一对象身上的两个重要方面，从学生的全面成长出发，必须把学生德育教育与专业教育、学生工作与学术事务作为统一的有机整体，进行全局性统筹规划，形成一个自上而下、完整而又严密的工作机制，实现人才培养的目标。要解决德育教育与专业教育脱节的现象，必须深化改革。

第一，解决好以学习为中心和全面发展之间的关系。学习是学生的主业，学生在高等教育阶段的根本任务仍然是学习科学文化知识，与此同时，学生的全面发展是教育所追求的终极目标，是培养学生成为社会主义合格建设者和可靠接班人的核心要求。从根本上而言，以学习为中心和全面发展之间不存在矛盾与冲突。在这个过程中，应围绕人才培养这个中心任务，将第一课堂与第二课堂紧密结合，将知识传授与社会实践紧密结合，将教学工作与学生工作紧密结合。德育工作和学业工作相关的各部门要形成联动，从体制上进一步融合，为德育工作与学业工作的结合形成更有效的机制。

第二，加强学术诚信教育。诚信是为人之道、学术之本，学术诚信是大学精神的重要内容。我们要不断加强学生的学术诚信教育。一方面，通过学术规范教育，使学生掌握学术规范知识、树立学术诚信意识；另一方面，要构建良好的学术文化，教育引导学生克服投机取巧、急功近利等不良倾向，树立崇高的学术理想和社会责任意识。

第三，完善学生综合素质培养及评价体系。全面实施素质教育，高校要建立和完善人才培养质量标准体系，落实文化知识学习和思想品德修养、创新思维和社会实践、全面发展和个性发展紧密结合的人才培养要求，把促进人的全面发展和适应社会需要作为衡量人才培养水平的根本标准。通过构建契合学校人才培养模式的学生综合素质培养与评价体系，形成促进学生全面发展的育人机制。

第四，完善学生学业辅导体系。学业辅导是帮助学生学会学习、促进学生学业发展的科学方法，也是推动思想政治教育工作与学业教育工作一体化的有效组织渠道。通过学业辅导平台建设，组建由专家学者、任课教师、学生先进典型、班主任、学业辅导员组成的学业辅导队伍，多方合力发挥对人才培养的促进作用。广大任课教师在传授知识的同时，应对学生的学习方法、学习能力给予悉心的培养指导。教学管理工作人员在完成教学保障工作的同时，应为学生制订合理的学业规划提供指导和建议。辅导员、班主任以深度辅导和学业辅导为载体，解决好学生发展过程中的个性化问题，特别是在如何培养学生的学习兴趣、如何激发学习动力上加大教育引导力度。研究生导师要在研究生的学业、德育、全面成长方面负起主要责任。

（4）管理、服务、育人的一体化。教学科研人员、机关管理人员和后勤服务人员是学校的三支重要队伍，缺一不可，都承担着育人的职责。一流的大学，不仅需要有一流的教学科研水平，也需要有一流的管理和一流的服务。目前，高校教职工中把人才培养作为第一要务的认识还有待提升，教书育人、管理育人、服务育人的作用发挥得还不够充分。一方面，受社会不良风气的影响，存在急功近利的思想，缺乏育人的意识，缺乏对学生成长成才的培养；另一方面，在评价体系中，对教职工的教学效果、教学革新、学科建设等方面评价还不够健全。特别在管理和服务工作中，由于学校用人机制等原因，很多学校采取了外聘制，不少学校后勤服务采取承包制、外包制，这些人员缺乏职业认同感，缺乏对学生的爱心。

从学生角度而言，教学科研人员、机关管理人员和后勤服务人员都是学校的老师，实现人才培养一体化，还需要深化改革、全员参与，重点做好以下方面的工作：

第一，加强师德建设。高校教职工，尤其是教师的思想政治素质和道德情操直接影响着青年学生世界观、人生观、价值观的养成，决定着人才培养的质量。高校要充分尊重教职工的主体地位，注重宣传教育、示范引领、实践养成相统一，政策保障、制度规范、法律约束相衔接，建立教育、宣传、考核、监督与奖惩相结合的高校师德建设工作机制，引导广大教职工做学生敬仰爱戴的品行之师、学问之师，做社会主义道德的示范者、诚信风尚的引领者、公平正义的维护者。

第二，形成育人的合力。促进学生全面发展，要求学校的教学工作、科研工作、思想政治教育工作及后勤保障工作等各项工作都要围绕着人才培养来进行，也就是人才培养的一体化。通过入职培训、岗位培训提升广大教职工的育人意识，通过制定岗位职责、工作规范明确育人的具体内容和标准，通过座谈沟通、相互体验加强师生之间的理解，通过宣传教育、正面引导形成全员育人的氛围和校园文化，通过监督机制、奖惩机制对育人效果进行检验。

第三，深化人事制度改革，发挥教职工的育人积极性。在当前高校用人机制日趋复杂的形势下，不仅要建立和完善党委统一领导、党政齐抓共管、院系具体落实、教师自我约束的领导体制和工作机制，还要建立一岗双责的责任追究机制。特别要加强对外聘人员、外来务工人员的岗前培训、岗位要求；按照不同层次目标，选拔优秀管理骨干进行培养，促进其全面掌握国内外现代化管理理念、技术和方法，不断提高基础岗位管理人员的能力素质，适应现代教育教学管理工作需要，形成一支素质优良、结构合理、专业化、职业化的管理服务队伍。同时，要健全教职工主体权益保障机制，充分发挥教代会、职代会的作用，明确并落实教师在高校办学中的主体地位。

二、提升高校学生德育素质与思政教育

要使走出校门的毕业生做到德智体美劳全面发展，就要把立德树人作为教育的根本任务，把培育和践行社会主义核心价值观作为教育事业改革发展的基础工程，教育引导广大学生扣好人生的第一粒扣子，努力提升高校学生的道德素养。

(一) 提升高校学生德育素质教育

司马光在《资治通鉴》①里写道："才德全尽谓之圣人，才德兼亡谓之愚人，德胜才谓之君子，才胜德谓之小人。"换言之，有德无才是次品，有才无德是危险品，无德无才是废品，德才兼备才是精品。德才兼备是千古用人第一标准。德为导向，才为基础；德靠才来发挥，才靠德来统帅。只讲德，不讲才，有德无才的人，没有专长和能力，工作没有创造性，工作成绩平庸，不是人才。全面建成小康社会，有赖于一支德才兼备的人才队伍；实现中华民族伟大复兴，也必然是全体社会成员道德素质的跃升。因此，立人先立德，树人先树品。有德无才要误事，有才无德要坏事。成小事，靠业务本领；成大事，靠思想品德和综合素质。

随着高校学生就业难问题的日益凸显，众多高校也都致力于探索加强人才培养质量、提高高校学生就业能力的有效途径，逐步加大就业指导及就业服务的工作力度。而提高高校学生就业能力，必须充分认识到德育对高校学生就业工作的促进作用。如何把学生的德育作为就业工作中的重要环节，如何使学生的内在素质真实地展现给用人单位、满足社会用人单位的需求，如何提高高校学生就业工作的成效和水平，成为高校学生思想政治教育领域面临的重要研究领域，是亟须解决的问题。

1. 高校学生德育素质教育的作用

高校德育处于素质教育的领先地位、首要地位，包含了政治教育、思想教育、道德教育，并且随着时代的发展而发展，逐渐扩展到法制教育、心理教育、审美教育、创新教育等范畴。不同的教育对高校学生综合素质的提高具有不同的地位和作用，具体表现如下：

（1）政治教育——高校学生综合素质提高的导向。政治教育是大学德育的导向性内容，是一项塑造高校学生灵魂的系统工程，对高校学生综合素质的形成、发展及提高给予方向性的影响，具有导向力量，使高校学生朝着党的教育方针和德育目标发展。

（2）思想教育——高校学生综合素质提高的动力。思想教育是大学德育的根本性内容。要发挥德育中的思想教育在综合素质提高中的动力作用，须对学生进行思想素质的培养，促使学生把社会发展的需要作为其自觉追求的内在需要；树立远大的目标，将其作为人生奋斗的精神支柱；保持良好的精神状态，努力把自己培养成为一个全面发展的人。

（3）道德教育——高校学生综合素质提高的基础。道德教育是大学德育的基础性内

---

① 《资治通鉴》（常简作《通鉴》），由北宋司马光主编的一部多卷本编年体史书，共294卷，历时19年完成。主要以时间为纲，事件为目，从周威烈王二十三年（公元前403）写起，到五代后周世宗显德六年（公元959）征淮南停笔，涵盖16朝1362年的历史。

容。大学道德教育的核心就是引导高校学生在道德素养上不断实现自我发展、自我完善，造就具有自主道德意识、道德行为的社会成员，使学生学做符合社会要求的人。

（4）法制教育——高校学生综合素质提高的保障。法制教育是大学德育的保障性内容。通过法制教育，使高校学生具有法制意识和法制观念，遵纪守法；学会正确行使法律赋予的权利，承担社会赋予的义务；具有民主作风和民主意识，正确处理民主与集中、自由与纪律之间的关系，自觉维护社会的安定团结。

（5）心理教育——高校学生综合素质提高的前提。心理教育是大学德育的前提性内容。通过德育中的心理教育，提升高校学生的个性心理素质，增强其非智力因素素质，促进其潜能的充分激发，改善其社会适应能力，以便高校学生更有效地实现人生价值，从而得到综合素质的全面提升。

（6）审美教育——高校学生综合素质提高的滑轮。高校美育是培育高素质人才的重要内容，对促进高校学生综合素质的提高、促进高校学生的全面发展起着不可忽视的重要作用。美育中蕴含着丰富的人格力量，能够潜移默化地影响高校学生的心灵，对促使高校学生形成健康心理起着熏陶作用。

（7）创新教育——高校学生综合素质提高的重点。高校作为国家培养高科技人才和实现科技创新的重要基地，其作用主要是使高校学生成为实现科技创新和实施科教兴国战略的生力军。创新能力就是将现有知识重新组合为新知识的能力，新组合的独特和新颖标志着创新。高校学生提高综合素质的关键已不是信息的拥有量，而是分析和利用信息的能力。因此，在终身学习时代，创新教育是高校学生综合素质不断提高的重点所在。

2. 德育素质与就业竞争力关联度

（1）两个课堂相互融合提升就业竞争力。硬实力是参与就业竞争的基础，硬实力的培养主要来源于第一课堂。随着我国高等教育改革的深入，第二课堂作为德育的重要途径之一，与第一课堂相互联系、互动互融、有机结合，共同提升高校学生就业竞争力。例如，第一课堂中的思想政治理论课等课程与第二课堂中的党团活动、主题教育等活动共同构成大学的思想政治教育；第一课堂中的专业实习、毕业设计、毕业论文等环节与第二课堂中的社会实践、志愿服务、就业创业见习、勤工助学等活动共同构成大学的实践教育；第一课堂中的社科类课程、艺术类课程与第二课堂中的高校学生艺术团活动、高雅艺术欣赏、民间艺术欣赏、书画大赛、诗文创作朗诵大赛等活动共同构成大学的艺术教育；第一课堂中的创新平台、研讨课程等环节与第二课堂中的创业大赛、课外学术科技作品大赛、百家讲坛、学术研讨等活动共同构成大学的创新教育等。

很多用人单位非常看重高校学生科技创新能力，高校学生也愿意积极参加科技创新，所以将第一、第二课堂有机结合的高校学生科技创新活动一举多得。大学德育的第二课堂主要是在丰富的活动和生动的实践中完成的，在该过程中充分调动了学生情感、意志，激发了学生兴趣和潜能，对第一课堂进行了有力的补充。同时，学校在制订教学计划时也要特别关注文化心理素质、人格魅力、道德水平、团队协调能力、创新精神、人际沟通能力、诚信、敬业精神等人文目标的实现，做到在任何一个教育教学环节都渗透就业竞争软实力的培养。

（2）根据全程德育体系提升就业竞争力。从以下方面分析：

第一，打造全程化就业指导体系，提升就业竞争力。系统规划全程德育的内容，按年级、分层次地在全程德育中贯穿就业教育，将理想信念教育、形势政策教育、思想道德教育、职业素质教育、职业能力培养教育、择业心理教育、创业教育等内容有机融合，提高高校学生的就业素质和就业竞争力，并形成正确的就业观念。一年级结合德育入学教育、专业教育、养成教育等德育途径，对其进行就业形势认知教育和职业生涯规划教育，引导学生尽快适应高校生活，唤醒其就业意识，进行自我探索和职业生涯规划；二年级和三年级的德育过程中进行就业观念教育和就业能力训练，使学生养成良好品质，树立正确的就业观念，为提高就业素质和能力进行必要的就业准备；四年级的毕业教育中强化形势政策教育、职业道德和择业心理教育，让学生正确认识就业形势，做好心理调适，顺利走上工作岗位。

第二，以社团活动和社会工作为平台，提升就业竞争力。学生社团丰富多彩的活动是校园文化中最生动、最活跃、最亮丽的一道人文风景。学生社团在加强校园文化建设、提高学生综合素质、引导学生适应社会、促进学生成才就业等方面发挥着重要作用。学生社团是高校德育工作的重要途径之一，也是提升高校学生就业竞争力的平台之一。学生社团的成员来自不同的年级，分属不同的专业，具有共同的兴趣和爱好。不同年级的学生相互影响、不同专业同学的相互交流，就形成了一个良好的创新氛围，有利于创新能力的培养。从学生社团的活动特点看，社团活动具有很强的自主性、实践性和社会性，是联系课上与课下、课内与课外、学校与社会的纽带。高校学生通过自主开展各种社团活动，锻炼了协调组织能力、交流沟通能力，培养了团队意识、合作精神和责任意识；从学生社团的类型来讲，每一个社团都在宣传一种理念、倡导一种精神，高校学生根据个人的兴趣和爱好自由选择社团活动，促进了学生的个性培养。

第三，以社会实践和志愿服务为载体，提升就业竞争力。高校学生步出课堂、走出校园、融入社会，进行社会实践、志愿服务、实习见习等，在实践中、服务中收获对社会的责任感和未来独立工作的能力。与职场进行零距离接触的实践活动，有以下好处：首先，使高校学生积累了一定的工作经验、社会经验。其次，磨炼意志、发展个性。高校学生的责任感、敬业精神、团队合作精神、协调能力、职业道德、实践能力、社会适应性等都得到进一步提高。最后，还使高校学生直接感受社会对人才的需求和对技能的要求，从而自觉调整就业期望值来适应社会需求，全面提升高校学生的就业竞争力。

(3)"三育人"的全员德育提升就业竞争力。"三育人"是高校德育涉及面最广泛的途径，使学校的每一位教职员工都能根据各自的岗位职责实施教书育人、管理育人、服务育人，全体教职工都有育人的责任，把德育落实在教学、管理、后勤服务的各个环节。教书育人，是指教师既要向学生传授知识，又要全面关心学生的进步和成长，将教书与育人有机结合，使学生全面发展。管理育人，是指学校管理者运用一定的组织纪律和行政措施来约束、规范和协调人们的行为，以此培养学生良好的学习风气、生活习惯和为人处世风貌，并以管理者自身的思想、工作作风给学生以实际的榜样影响。服务育人，是指学校教辅和后勤人员在为教学、科研、师生员工生活服务的过程中，以自己热情的态度、辛勤的劳动和高尚的情操影响学生。台前幕后的教师，他们在各自的工作岗位上，以良好的言谈举止、品德素质、价值取向、高尚的职业道德修养和敬业精神，对学生起着潜移默化的教育作用，具有强烈的示范性、权威性和教导性，会影响学生一生的职业发展。良好的师德是提升高校学生就业竞争力的重要影响力。

(4)发挥学生自我教育提升就业竞争力。德育的一个重要途径是培养学生骨干、学生干部，即通过社会工作锻炼、培养精英人才。担任学生骨干是参与社会工作的主要形式，大力做好学生骨干的培养工作，不仅是高校的一项重要政治职能，而且在培养创新型人才、提高高校学生就业竞争力、加强校园文化建设等方面具有重要意义。社会工作锻炼可提高学生的综合素质，培养学生卓越的领导力、杰出的创新能力及出色的就业竞争力。在学生会、学生社团担任过骨干的学生，在就业竞争力尤其是就业竞争软实力的各方面往往表现得更好。

（二）加强高校学生的思政教育

思想政治教育的目标是培养德智体美劳全面发展的社会主义建设者和接班人，思想政治教育必须与解决高校学生就业这个最切身的实际问题相结合。思想政治教育与提高就业竞争力具有共同的主体，它们联结的最关键因素是学生成才，实现顺利就业。加强思想政治教育是提高高校学生就业竞争力的重要保障，帮助高校学生顺利就业、高质量就业是思想政治教育工作者的重要职责。

以下从思想政治教育角度将怎样树立正确就业观念归纳为三个方面：

1. 基于心理教育树立正确就业观念

心理健康当前已成为人才素质的一个重要部分,保持心理健康是高校学生健康成长、顺利就业、尽快适应社会的必备条件,因为个体在心理健康的状态下才能充满活力,积极地适应环境,充分地发挥自身的潜能。现在是一个快速发展的时代,伴随我国社会的经济成分、组织形式、就业方式、利益关系和分配方式的日益多样化,许多高校学生出现思想困惑或混乱,在就业中产生诸多心理问题,如对就业产生过度焦虑恐慌,对就业回报的期望值过高,自卑和自负,对学校和家长过分依赖等,严重影响就业。针对高校学生的这些心理问题,高校应加强思想政治教育,帮助高校学生形成健康的就业心理。

(1) 教育高校学生树立正确的就业观念。高校学生的就业观念主要表现在就业期望上,而就业期望建立在高校学生对自身能力素质及就业市场两方面因素综合考量的基础之上,并直接影响高校学生就业的理性程度,影响高校学生求职的行为结果。部分高校学生认为,读了大学就理所应当有一份待遇丰厚的固定工作,因此,片面认为留在大城市、大单位才能体现自己的人生价值,才能实现自己的理想和抱负,较多地追求物质待遇和地域条件,往往不愿意去发展空间更大的基层和西部。所以,高校应继续加强高校学生的思想政治教育,培养高校学生深厚的爱国主义、集体主义情感,帮助他们树立正确的世界观、人生观、价值观、就业观。

高校要通过广泛开展各种形式的以爱国主义教育为主题的思想政治教育活动,引导高校学生树立远大理想,同时要教育引导高校学生构建正确的、合理的价值取向,把个人的利益和就业愿望同国家的利益和需要结合起来,增强他们的社会责任感和历史使命感,纠正他们急功近利、追求个人利益等以自我为中心而忽视社会责任的错误观念。此外,还要教育引导高校学生正确进行自我定位,不自卑也不自负,根据客观事实降低不切实际的就业期望值,突破传统的就业观念的束缚,纠正一味追求稳定性、求稳怕变等陈旧的思想观念,树立与时俱进的就业观,实现多渠道、多形式就业;教育引导高校学生提高心理承受能力,有吃苦耐劳的精神,在就业中要敢于面对挫折,吸取教训,及时调整心态,积极乐观,拼搏向上。

(2) 开展高校学生心理辅导和心理咨询。大学阶段是一个非常关注自我、注重个性表达、情绪体验丰富、情绪波动起伏的时期。但受主客观、内外部等多种因素的影响,高校学生不能正确认识自我、评价自我、认识社会,他们的心理波动较大,很容易出现自卑、孤僻、适应能力差、人际交往障碍、心理恐慌等问题,很容易走向自负或自卑甚至厌世的极端。要求高校积极采取有效方法对高校学生进行全面心理辅导,以帮助高校学生正视自身的优势和不足,客观分析理想与现实的差距,以引导他们坦然正视自我、正视社会,促其心智健全、人格健全，主动适应社会，辨别是非善恶，正确处理各种关系，形成正确的人生观、价值观和就业观。心理咨询可以为结合高校学生个体差异进行心理健康教育提供途径。结合高校学生的身心发展特点和个体情况，根据学生在求职中的心理特征及普遍存在的问题，采取集体辅导和单独辅导相结合的方式，引导学生正确认识、客观评价自己及社会中的各种现象；帮助学生增强求职的信心和勇气，提高学生自我心理调适的能力，及时纠正就业中的不良心理；教育学生正确对待求职中的挫折和失败，以积极良好的心态参与竞争。

2. 基于诚信教育培养良好职业道德

职业道德是指从事一定职业的人们在职业活动中所应遵循的道德规范，以及该职业所要求的道德准则、道德情操和道德品质的总和。高校学生尚未就业，还没有参与到相应的职业活动中去，职业观念和职业道德不强。高校是大学生走向社会的最后训练基地，面临着由学生向职业工作者的转变，在高校学生中加强以就业为导向的职业道德教育，通过任职前的职业道德教育使高校学生自觉认识到自己将来所从事职业的社会价值，使他们深刻感受到自己肩负的社会责任和使命，确立正确的就业意识和择业取向，热爱本职工作，尽职尽责地履行职业义务。高校学生是社会上受教育程度较高的人群，在社会普遍感到道德滑坡的形势下，加强高校学生的职业道德教育，不仅是高校开展社会主义核心价值观教育的重要内容，也对提高高校学生就业率和就业质量有重大帮助，成功的职业道德教育还是高校学生今后职场成功的基础。

（1）诚信教育是职业道德教育的切入点。敬业、诚信是社会主义核心价值观的重要内容，也是高校学生职业道德教育的重点内容，诚信建设是我国社会主义核心价值体系建设的重要任务。在社会转型期，诚信缺失在社会生活中比比皆是，毕业生在求职择业中出现的简历注水、随意违约、言行不一等诸多失信问题，不仅影响了全社会的信用建设进程，也给其本人和学校造成了很大的负面影响。

第一，强化高校学生诚信就业教育。人无信不立，诚实守信是一个人的立身之本。基于高校学生思想政治教育和就业指导工作中诚信教育的重要性，思想政治教育与就业指导工作的实施部门应有机结合，从长远和实际出发，融合日常的思想政治教育工作的特点，结合高校学生就业工作现状，切实加强高校学生就业指导工作。不仅要在思想政治教育中加强诚信就业教育，更要在就业指导工作中推进高校学生诚信就业的具体实施方法，构建创新型的诚信就业教育模式。

首先，要激发诚信就业教育对象主体的积极性，通过案例教学等使高校学生认识到诚信的重要性；其次，要注重对高校学生的诚信就业行为进行引导，针对个别学生的失信行为进行纠正；再次，要加强对高校学生诚信就业教育的评估反馈，了解用人单位对高校学生在工作中的综合评价，以此不断促进教育方式方法的优化；最后，就业诚信教育应该实行全程式的教育模式，由于人的职业认知、职业道德和思想素质的提高是一个长期的、循序渐进的过程，就业诚信教育应覆盖整个大学期间。

第二，加强高校学生职业道德教育。首先，加强高校学生职业道德教育是高等教育的重要任务。大学教育不同于基础教育，大学教育旨在对高校学生进行专业知识教育，以培养德智体美劳全面发展的高级专门人才。大学教育的这一专业化特点，决定了对高校学生的教育实质上是一种职业教育，因为多数高校学生以后所从事的都是与自己专业对口的职业，在专业方面较之他人有相对优势。这种职业教育要求大学教师不仅要注重对高校学生专业知识、专业技能的教育和培养，而且还要重视对高校学生将来所要从事这一行业的职业道德素质的培养，良好的职业道德素质培养有利于高校学生正确认识所学专业的社会价值，明确自己将来所要担任的社会角色，促使他们更好地投入专业知识学习。

其次，加强高校学生职业道德教育是社会发展的要求。职业化是社会生产劳动的普遍形式和社会个体生活的根本，职业劳动的有效性不仅取决于政府政策的正确性和劳动者的专业知识、专业技能素质，还取决于劳动者具备良好的职业道德。随着现代社会分工的不断发展和专业化程度的不断增强，对从业人员的职业观念、职业态度、职业技能、职业纪律和职业作风的要求越来越高。高校学生是社会主义事业的后备建设者和生力军，加强高校学生的职业道德教育，能够培养他们的社会责任感和为人民服务的奉献精神、团结合作精神及对本职工作的热爱之情和敬业精神；引导他们把自己的学识和才智服务于社会、奉献于人民；帮助他们在实现自我价值的同时，满足社会发展需要。

最后，加强职业道德教育是高校学生自我发展的需要。当代高校学生有着强烈的实现自我价值和自我发展的需要。因此，针对当前高校学生的这种希望与困惑并存、进取与彷徨同在、认识与失落交错的职业观现状，适时加以引导，加强职业道德教育，使高校学生明确自己在职业生活中的地位、权利和义务，为他们从业后具备良好的职业道德修养提供理论知识、情感前提，可以引导他们正确处理个人与行业、个人与社会的关系。

（2）高校学生职业道德教育的路径构建。对高校学生进行职业道德教育是一项长期的、全方位的系统工程，不能单靠思想政治理论课去完成，学校应构建高校学生职业道德教育体系，把职业道德教育渗透到各工作环节，根据企业和社会需要，帮助学生了解和理解所要从事行业的职业道德要求，培养学生的职业道德情感，使其初步具有道德判断和道德推理能力。只有各方形成合力，齐抓共管，职业道德教育才会卓有成效，所以，应做好以下方面的工作：

第一，建立规范的管理机制。严格的制度可以规范人们的行为，学校要通过制定常规的管理机制，加强学生管理，严格规范学生的日常行为，以此强化学生的组织纪律观念教育、培养自我养成教育。

第二，专业指导教育。职业道德教育不能脱离职业，要把职业要求与职业学习结合起来，让高校学生掌握职业道德规范的内容及要求，并将职业道德知识内化为信念，将职业道德信念外化为行动。

第三，充分利用课堂教学影响。通过任课教师的师德示范作用，发挥课堂优势，引导学生正确看待社会变化，分析评价社会现象，解决学生心理困惑，提高学生分析问题、判断问题的能力，加强学生职业道德素养。

第四，参加社会实践活动。社会是第一大课堂，要组织学生多参加社会活动，深入企事业单位，参加社会公益活动、暑期社会实践活动，培养学生的奉献精神和助人为乐精神。

3. 基于综合素质教育提高就业能力

毕业生的就业竞争力取决于其综合素质，包括智力因素素质和非智力因素素质。在当前的就业工作中，各个单位的招聘标准不仅包括学历、外语水平、计算机能力、专业能力等智力因素的要求，也包含了职业道德、职业心理、团队合作精神、人际交往与沟通能力、承受挫折能力、创新意识和创业精神等非智力因素的要求，并把后者看作更加重要的方面来加以考查。高校学生要适应社会对人才的需求，在充分具备智力因素素质的同时，必须努力发展就业竞争力中的非智力因素素质。事实上，非智力因素素质体现出来的强烈的吸引力和影响力，对高校学生顺利求职、成功就业起着决定性的作用。

非智力因素是高校学生学习的动力，是个体学习积极的心理机制。非智力因素能促进高校学生的智力健康发展，使高校学生学习积极性高、态度正确、求知欲旺盛、注意力集中、自制能力强，有助于他们学习成绩的提高。非智力因素对高校学生的学习活动起着定向作用，它把高校学生的认识和行为统一起来，集中学习活动，用于记忆、想象和思维所观察的事物和学习内容。高校学生的学习活动不仅要具有吸引力和趣味性，更重要的是要培养高校学生的坚韧性和克服困难的精神，保持勤奋向上的情绪和刻苦学习的积极性，这样才能不断前进。智力发展不好的高校学生，非智力因素得到充分发展可以弥补其智力的不足。因此，非智力因素是引导和促进高校学生学习和成长的一种内驱力，它对高校学生的智力与能力的发展起着动力、定向、巩固和弥补的作用。它有助于高校学生明确求学目的，实现人生价值；有助于高校学生积累广博的知识，开阔视野；有助于高校学生明辨是非、果敢理智；有助于高校学生直面挫折、坚忍不拔。

随着毕业生人数的逐年增加，用人单位对高校学生的素质要求越来越高，而其中非智力因素在高校学生就业竞争力构成要素中占据极其重要的地位，对高校学生成功就业发挥着极其重要的作用。从用人单位对高校学生能力需求上看，最看重的是沟通能力、计划组织能力、团队合作能力、自我管理能力和解决问题能力，这些都是非智力因素素质的重要内容。因此，加强非智力因素研究，创新高校思想政治教育工作，对促进高校学生提升就业能力有着重要的意义，有利于更新高校学生思想政治教育的观念。同时，思想政治教育有助于开发高校学生的非智力因素，可以引导高校学生树立正确的成才动机，培养高校学生发展广泛的兴趣爱好，帮助高校学生保持积极的情感状态，推动高校学生塑造良好的意志品质，促进高校学生形成完善的人格特征。

三、构建学生的职业价值观与能力教育

（一）高校学生职业价值观教育分析

价值观是人们关于社会关系的是非判断，职业价值观是人生目标和人生态度在职业选择方面的具体表现，是一个人对职业的认识和态度及他对职业目标的追求和向往，它是一种具有明确的目的性、自觉性和坚定性的职业选择态度和行为，对一个人职业目标和择业动机起着决定性的作用。理想、信念、世界观对于职业的影响，集中体现在职业价值观上，职业价值观是一个人的世界观、人生观、价值观的重要内容。

高校学生职业价值观是高校学生在学习和社会实践过程中形成的对于职业评价、职业选择、职业价值取向的总体看法，反映了其对职业的信念和态度。正确的职业价值观直接影响学生的择业观，而适当的择业观对高校学生首次就业和未来职业发展有着重要意义。目前，面对新的就业形势，当代高校学生的职业价值观发生了较大变化，给高校学生价值观教育带来了挑战，并提出了新的要求。

1. 职业价值观教育的重要性

导致高校学生就业难的因素很多，没有正确的职业价值观是重要原因之一。职业价值观直接影响高校学生的就业观，对其就业观念、职业理想、职业目标、择业行为、择业手段及将来的职业发展都具有重要影响。高校承接着一个人从学生到社会职业人身份转变的重要过程，加强高校学生的职业价值观教育，能够引导高校学生不断完善自己的知识结构，培养良好的职业素质，以适应时代的发展和社会的需要；能引导高校学生的择业行为，帮助高校学生树立良好的职业道德；能促进高校学生适应复杂多变的社会环境，激励他们在任何职业领域都爱岗敬业。职业价值观培养是人才培养过程中不可或缺的内容。

（1）加强职业价值观教育能够提升职业素质。教育的四大支柱是学会求知、学会做事、学会共处、学会做人。支持这四大支柱的是价值观，有怎样的价值观，就会有怎样的做人、做事哲学。价值观代表人生的理想和目标，是一个人追求的动机和目的，它构成了个人和组织行为的内在驱动力。缺乏价值观，一个人的职业追求就会缺乏动力。

（2）以社会主义核心价值观为主导引领职业价值观教育。当前高校学生价值观教育中不可避免地存在多元化的社会现实，在职业价值观教育中，面对求职择业、职业道德、社会责任等问题，都脱离不了社会的大环境，思想文化的碰撞、政治背景的冲突等都会影响到个体的职业价值观的形成。无论是毕业生本人，还是学校教育，在市场经济和当前的严峻就业形势下，大家的职业价值观都发生了重大变化。面对改革开放的考验、市场经济的考验，在多重化的选择面前，如何教育引导高校学生树立正确的职业价值观是高校立德树人的重要任务。

在各种复杂的价值观念中，起引领作用的是一个社会的核心价值观。核心价值观，其实就是一种德，既是个人的德，也是国家的德、社会的德。人类社会发展的历史表明，对一个民族、一个国家而言，最持久、最深层的力量是全社会共同认可的核心价值观。核心价值观承载着一个民族、一个国家的精神追求，体现着一个社会评判是非曲直的价值标准。在复杂的形势下，需要我们坚持用社会主义核心价值观引领多样化的价值观念，使高校学生形成正确的、有利于社会发展的职业价值观。在职业价值观教育的过程中，教师应该充分地发挥学生自主选择的意识，鼓励他们努力探究自己的内心世界，遵从自己的良好愿望，使理想与现实生活尽量吻合，这样才能极大提高人的幸福指数。同时，要体现教师的引导作用，把握教育方向，使高校学生职业价值观符合学校的教育目标，也符合社会的需要。

2. 根据多元环境的价值澄清理论

在高等教育大众化、普及化的时代，学生上大学的目标日趋多样化，在价值观多元及各种冲突并存的社会现实中，对试图把某一种价值观强加给学生的传统价值观教育提出了挑战。学校应更新传统的教育方法，帮助学生进行选择性的思考，学会自我评价和自我行动，从而获取适合自己的正确的价值观。

（1）价值澄清理论[①]的核心思想。价值澄清理论强调在价值多元、充满变动的社会形势下发展学生的道德意识，应注重学生在品德发展中的主体地位，重视培养其道德判断和

---

① 价值澄清理论是20世纪美国最有影响力的道德教育理论流派之一，其代表作是由路易斯·拉思斯、梅里尔·哈明、悉尼·西蒙合著并出版于1966年的《价值与教学》。

选择能力;认为学校道德教育的目的在于通过评价过程和价值澄清的方法,帮助学生澄清他们的价值观,促进统一的价值观的形成。这一理论注重价值澄清方法在学校道德教育中的实际应用,强调每一个人都有自己的价值观,价值观是多元的、相对的和变化的。道德教育不是直接把价值观灌输给学生,而是通过教会选择的方法,在教师的引导下以对话、讨论、书写等方式,使学生形成适合自己的价值观念。价值澄清理论以其显著的可操作性和实效性,首先在西方被学校和教师广泛接受。近年来,随着社会价值观念的多元化发展,亚洲一些国家和地区的教育工作者也在积极地研究价值澄清理论并应用价值澄清方法进行学校教育教学及个别辅导。

(2)价值澄清理论的方法及策略。价值澄清理论鼓励学生花更多的时间和精力思考与价值有关的问题,更加审慎和全面地思索自己的价值观及整个社会的价值问题。价值澄清方法主要包括四大基本要素及"三阶段七步骤"的评价过程。

第一,四大要素。主要包含以下方面:①以生活为中心。关注学生在生活中的态度、目标、兴趣、抱负、情感或烦恼等称为"价值指示"的表现,以发现在价值观选择中出现的问题。此外,还有一些经常使生活复杂化或使价值问题显得扑朔迷离的问题,如友谊、合作、法律等,这些社会问题也可以反映出学生的价值观倾向。②对现实的认可。在澄清价值的过程中,教师表示认可学生的价值表述,在讨论价值问题时,教师可以传达出不偏不倚的信息来强调这种认可,理解和尊重每一个学生。③鼓励进一步思考。激励学生更加全面地思考价值问题,帮助学生更加明智地进行选择;更加清楚自己所珍视和珍爱的事物;更好地把选择整合到日常行为之中。④培养个人能力。价值澄清方法能帮助学生深思熟虑地看待价值问题,更好地整合其选择、珍视和行动,在以后的生涯当中学生能独自继续这样去做。价值澄清不但鼓励学生练习澄清技能,而且能培养他们审慎自主的潜在意识。

第二,方法策略。价值澄清理论在价值观教育中的运用,是以一系列具体的策略为中介来进行的,其中最主要的策略是澄清反应法。教师针对学生所说的话或所做的事而做出反应,旨在鼓励学生进行特别的思考。有效的澄清反应要避免道德说教、批评、灌输价值观或进行评价,使学生有责任检查自己的行为或思想,独立思考和决定他们的真正需要。其他策略包括价值清单、集体讨论等。

3. 职业价值观教育的方法

正确的职业价值观比工作还重要。高校学生的职业价值观深刻影响着其职业选择、生涯发展,这对学校的就业教育、职业发展规划教育提出了更高的要求。教会学生选择,是目前教育界的一个共识,会选择比选择的内容重要。我国目前的教育环境仍以知识灌输为主，在这样的教育背景下，学生普遍缺乏自我判断、自主选择的机会和能力，当他们面对需要独立分析的问题时，往往难以做出合理的判断。借鉴价值澄清理论及其方法，可以在高校学生职业价值观教育中达到一定的效果，这一理论强调引导学生自主选择、尊重学生主体地位、关注学生现实生活，在未来的职业生涯中不断评价并获得自己的职业价值观。

（1）引导学生进行自主选择。在职业价值观的形成过程中，学生受到来自社会、学校、家长、同学的多方影响，不利于形成统一的职业价值观念，而价值观混乱必然给学生的职业发展造成损害，也不利于社会的和谐稳定。在当今高速发展的经济社会中，价值观念已呈多元化发展，让学生遵从于某种单一的价值观念已不可取，更不可行。只有在社会主义核心价值观的引导下，教会学生自主选择，使学生获得相对稳定的适合自己发展的职业价值观，才是良策。

在实际的教育过程中，部分学生对于职业发展产生困惑和迷茫，在专业选择、就业方向、事业前景等诸方面存在着现实困扰。如何获得观念比获得怎样的观念更重要，道德教育的目的在于帮助学生对自己的价值观进行评价和澄清，一以贯之地形成同一价值观体系，以减少因价值观混乱带来的负面影响。对于这部分学生，教育者应重视教育方法，加强对学生职业价值观判断与选择能力的培养，教给学生一些价值澄清的技巧，培养他们自我评价、自我指导、自我发展的能力，并使这种能力转化为自觉行动，以使他们在纷繁复杂的社会中获得良好的职业发展。

（2）尊重学生的主体地位。大学阶段正是学生身心成熟、学会独立、走向社会的重要阶段，也是达成自我愿望、强调自我实现的关键时期。高校学生具备了一定的自主思考、自主行动、自主探索的能力，对于外界既定的观念和意识抱有质疑的能力和挑战的勇气。对高校学生进行价值观教育，不能仅靠传授或灌输，而要经过其个体自由选择、珍视和行动的环节澄清得来，受教育者在其过程中处于主体地位，才能有效地激发受教育者主体性与积极性的发挥。

在职业价值观教育中，学校应根据学生不同的性格特点、家境背景、专业需求等，从知、情、行三者的结合上探讨个人价值观形成的过程，遵从价值观形成的个体内部机制，教会学生对未来发展方向进行选择，将学生放到教育主体的重要地位，使他们能把握好自己的职业生涯发展。

（3）关心学生的现实生活。高校学生在职业价值观形成的过程中，很大程度上受个体生活的影响，反之职业发展也会对生活产生重要影响。如何处理生活中常见的友善、合作、信用、金钱等问题，并不只是学生个人的问题，而是重要的社会问题。正是这些问题使得生活复杂化，难以形成合理的价值观念，从而影响到个体的行为动机。

教育的出发点是使人生活得更美好，离开了生活，教育就成为无水之源、无本之木，失去了存在的意义。因此，在职业价值教育中应该着眼于现实生活，从学生个体的生活处境、生活状态、生活目标出发，贴近学生实际，围绕学生在学习、工作、生活、发展等方面遇到的现实问题，有针对性地开展职业价值观教育，引导他们对自己的职业发展方向做出澄清和选择，使职业价值观教育生活化，通过评价、选择的实践过程获得适合自己长远发展的价值观。

（二）高校学生职业能力培养分析

职业能力是从事某种职业活动表现出来的各种能力的总和，职业化能力是劳动者知识、技能和态度等要素的综合，是人们成功地从事某一特定职业活动所必备的一系列稳定的、综合性的个性特征。职业化是提升人才素质的核心，它可以使高校学生的潜能得到更充分的挖掘，提高其职业竞争力，使其更好地适应社会和市场需要。

高校学生就业竞争力既包括专业技能等智力因素，包括素质、修养等非智力因素，还包括就业观念等因素。就业竞争力的提升过程，是高校学生提高思想意识，并通过学习和各种实践活动加深对素质能力的认识、理解、提高、运用的过程。这一过程的一个重要内容是学校通过系统培养高校学生的职业化能力，提高高校学生的职业化素养和能力。职业化教育是满足用人单位、学校及高校毕业生三方需求的有效途径。

1. 高校学生职业化能力构成基本要素

根据职业化能力构成原理和结构分析，课题组结合调研结果，提出了建立高校学生职业化能力的要素构成，见表5-1。

表5-1 高校学生职业化能力构成要素

项目	一级指标	二级指标（基本职业能力）	二级指标（综合职业能力）
专业能力	专业技术能力	学历	职业资格与培训
		所学专业	特殊奖励
		在校成绩	
	工作与社会经历	学校与社会活动	工作经验
方法能力	一般能力	思维能力	适应与应变能力
		学习能力	人际交往能力
		执行能力	团队协作能力

续表

项目	一级指标	二级指标（基本职业能力）	二级指标（综合职业能力）
社会能力	身心素质	体质	情绪控制能力
		性格气质	承受挫折能力
		心理健康水平	抗压能力
	职业意识	道德品质	敬业精神
		责任意识	专业精神
		规范意识	创新精神

一般而言，高校学生毕业离开学校首次进入社会就业，便开始了其职业生涯，在已有的工作岗位上，需要的是胜任现有工作的职业化能力；在工作过程中具有提高工作水准的职业化能力；为适应主观愿望和客观变化要求而能够实现转换新工作的职业化能力。

2. 高校学生职业化能力培养体系建立

以就业及就业竞争力为导向，高校学生职业化能力培养体系的构建与实施，是以培养和塑造高校学生职业化能力为核心，以促进个人职业生涯规划和执行力为手段，以提高高校学生就业率和就业满意度为目标的、全方位的培养体系。

（1）高校学生职业化能力培养体系构建目标。职业化能力的形成是一个逐渐由量变到质变的过程，需要对其特征进行分析考察，找出它的规律。职业化能力具有以下特征：

第一，职业化能力具有可变性特征。以金兹伯格和萨帕为代表的发展理论认为，职业选择有一个过程，这个过程的萌芽在童年期就已孕育了。职业化能力的发展如同人的身体和心理发展一样，可以分为多个连续的不同阶段，每个阶段都有一定的特征和发展任务。对不同时期的个体进行这方面的考察，可及早甄别个体的合理发展方向，为个体的不同发展时期进行有效的职业指导。

第二，职业化能力具有可塑性特征。职业化能力的可变性特征使其相应地具备了可塑性特征。不管是职业兴趣还是职业性格等，都是在社会环境、职业环境及职业教育的影响下逐渐塑造而成的。即使是比较稳定的职业兴趣、职业性格，也是可变的，因为影响它们的个体生理因素本身就具有一定的可变性，这为职业适应性的扩展提供了最基本的依据。

总而言之，职业化能力的内部因素与外部因素之间的互动促使它成为一个不断变化的被动过程，这个过程也是个体进行职业选择、发挥职业潜能、增长职业能力的主动过程。职业化能力具有的这两个特征，也为职业化能力培养研究提供了依据，为职业化能力培养指出了方向。由此，我们的培养目标可归结为：从职业化能力的内部结构来研究它的变化范围的最大可能性——最大限度地扩大高校学生的职业适应范围，增强学生职业适应性。这需要我们将职业化能力培养过程构建成为一种培养职业选择能力、发掘职业潜能、塑造职业能力的过程。这既是充分发展高校学生才能的需要，也是社会和市场对教育提出的培养要求。

（2）高校学生职业化能力培养体系构建原则。依据培养目标，按照针对性、系统性和实用性的总体原则要求，确立高校学生职业化能力培养体系构建原则。

第一，职业化能力培养体系构建需要以人的发展为主旨，提高学生的自我认知能力。求职者选择适宜的职业，个人特长和潜能才能得以最大限度地发挥。而职业与其适宜的劳动者相匹配，才能发挥其最大的社会效益。在职业化能力培养过程中，人本身诸如态度、期望、人格、价值观等择业主体的主观因素更应该予以重视。通过系列心理学课程、职业兴趣测试等，使高校学生认知自我、明确自我发展方向。职业生活是生存的手段和实现价值追求的途径，而其生存能力发展的各个阶段又是与人格的不断成熟相一致，充分地发展自己的人格和个性，使个体能够以不断增强的自主性、判断力和个人责任感来行动，这种培养方式不仅有利于个人的发展，最终有利于社会的发展。

第二，职业化能力培养应贯穿于学习生活的始终，不断发掘学生的职业潜能。人的职业兴趣、能力的发展既然是一个长期的、连续的发展过程，那么，职业选择就不是在面临择业时才有的单一事件，同样是一个发展过程。因此，职业指导应是一个长期的、系统的工作。从发展心理的角度看，人的童年时期就孕育了职业选择的萌芽，随着年龄、资历、教育等因素的变化，人们选择职业的态度、期望、兴趣也会发生变化。发展性职业指导理论认为，职业发展如同人的身体和心理发展一样，可以分为几个连续的发展阶段，每个阶段都有一定的特征和发展任务，如果前一阶段职业发展任务不能很好地完成，就会影响后一阶段的职业发展任务，导致职业选择时发生障碍。因此，就大学的就业指导而言，应该是一个连贯的培养体系，各个培养阶段应相互贯通、有机连接，形成较为完善的职业化能力培养体系，使学生在不断深入学习中逐渐发掘自身潜能。

（3）职业化能力培养体系应以提升高校学生职业能力为直接指向。大学阶段是职业生涯的预备期，为使职业生涯坚实有力，需要塑造高校学生职业化能力。职业化能力包含多种层次，其中的职业化意识是其内在的精神动力，表现为对职业的价值观和态度。这种隐性能力远比专业技能和知识等显性能力的作用更为强大，所以在高校学生职业化能力培养中，我们更应该着重培养高校学生的职业意识等内在修养。

（4）职业化能力培养应专业化、专家化。职业化能力培养是就业指导的核心内容，要使就业指导向专业化方向发展，必须与行政工作相分离，形成就业指导人员的职业化，进而实现就业指导的专家化。反之，没有从事就业指导人员的职业化，就不可能有专家化的实现，因而也就不可能有专业化的就业指导的出现。只有实现就业指导的专业化，就业指导才能科学地、规范地发展。

第六章　高校学生管理工作——创新

第一节　高校学生管理模式的创新

一、高校学生管理模式的问题

（一）管理模式单调

目前，很多高校的教学和管理模式太过单调，没有丰富的形式，既没有妥善地结合现在大学生的成长要求和个性特点，在实际开展教学和管理工作的时候又会被现在的应试思想所影响，产生不合适的规定规范。近年来，随着社会不断发展，时代不断进步，对人才的要求也逐步提高。所以，如果高校不能对管理模式足够重视，无法针对这种情况进行合理的创新，那么就会影响人才的培养工作。

（二）网络环境复杂

随着互联网和计算机技术迅速发展，高校的学生管理工作面临许多新的挑战。从学生的层面看，通过互联网可以丰富大学生的学习内容和课余生活，开阔大学生的视野，但是必须认识到，网络是具有隐秘性的，对学生造成消极影响，进而阻碍高校的学生管理工作。

（三）应试教育思想影响

在很多高校，有一些学生可能考试成绩并不理想，但是在实践操作上能力很强，社交能力很好。而由于受到应试教育思想的影响，很多教师仅依靠成绩去判定一个学生是否优秀，很容易偏爱学习成绩好的人，并不重视那些实践能力强的人，这一现象应该得到改变。

（四）校园氛围较淡

有部分高校提倡自主学习，学生对这个自主的尺度把握得不是很好，在平时上完课后没有及时地去复习，去发掘其中的深层含义，反而去上网或在宿舍玩手机等，教师在完成书本上的知识讲授后没有对学生进行引导，不注重去深入学习。在考试方面，部分教师只选择考试的重点内容讲述，然后让学生背，并不重视学生思辨能力的培养，这样的学校氛围和环境，会使得学生逐渐失去学习的积极性。

二、高校学生管理模式的创新方法

（一）注重以人为本

如果高校要想提高自己的学生管理工作水平，学校的负责人和教师就需要树立一种意识，即以人为本。不管是在平时正常教学中，还是在学生空闲娱乐中，相关学校工作人员都要尽量给学生提供一些实践操作的机会，让学生的实践能力和工作能力获得一定水平的提高。另外，教育者在工作中要充分发挥自己的价值，既要在平时教学中教给学生许多专业知识和技巧，又要关注学生的生活情况，在学生有问题的时候提供帮助，能够做到从学生的角度去看待他们，让学生真正地感受到来自学校和教师的关心，从而能够热爱学校、热爱学习，有信心去适应未来可能面临的种种情况。

（二）加强网络使用教育

在高校学生管理工作中，须重点考虑对学生加强网络使用教育。随着信息技术的发展，人们可以通过互联网知道很多发生在各地的人物事件，但是由于大学生的心智发展还不够成熟，不能正确地辨别，因此，教育者应去指导学生安全地使用网络，这是教育者的责任。首先，高校可以开设与网络道德、法律法规、网络安全有关的选修课，让学生在课堂中得到相关知识，树立正确的法律意识，提高道德素质。其次，在平时的教学中，可以给学生分享一些真实的案例，通过案例引导学生正确使用网络，约束自己的行为，提高大学生的辨别能力，并能够进行自我保护。最后，对于校园网络，相关的工作人员需要不断进行改善优化，对网络进行检查，如果在管理工作中发现一些不良现象，要进行妥善、及时的处理，可以通过司法部门对有不良行为的人严肃处理。

（三）建立学分制度

现在新课程改革不断深入，我国很多高校开始关注大学生的个性发展，尊重他们之间的差异，开始建立学分制度去加强管理工作。首先，建立学分制度可以很好地整合学校的教学信息资料，能够让学校的信息资料使用率提高，发挥自身价值，还能提升大学生的自主学习意识和创新能力。其次，在课程改革的要求下，课堂的主体已经转换为学生，如果学校可以针对学生的兴趣和能力来对选修课程进行开发，满足学生的需求，那么学生的学习积极性就会提高，就会愿意主动学习，选择自己喜欢的课程，这样就能丰富学生的知识，提高教学的质量。最后，针对那些成绩良好并且满足毕业标准的学生，高校可以为他们争取一些社会实践的机会，比如和当地一些优秀的公司进行合作，给大学生提供好的实习资源和机会，使学生的工作能力在一定程度获得提高，不断进行经验积累。

总而言之，需要有效地对高校学生管理模式进行创新，注重因材施教。现在，社会发展要求高等教育进行转型，传统的管理模式已不能适应时代要求和社会发展趋势，暴露出很多的问题和不足。所以，高校需要重视管理模式的创新，提升学校的教学质量，培养优秀的人才，能够有效地结合学生的理论知识和实践能力，进行创新性探究。

第二节　高校学生社区化管理工作的创新

一、高校学生社区化管理的类型

大学生社区目前在我国已普遍存在。就现在的全国各地大学生社区的现状来看，目前主要存在三类管理模式的大学生社区，具体如下：

第一，跨省（市）的大学城社区。这类学生社区的特点是规模大、学校多。从大学所在的省（市）来划分，既包括大学城所在地的大学，也包括外省（市）的大学；从大学的性质来划分，既包括理工大学，也包括综合性大学和专门大学；从学校层次来划分，既包括研究型的本科大学，也包括专科学校和职业技术学院。

第二，同省（市）的大学城社区。这类大学城社区的特点是规模较大，大学多的有数十所，少的也有几所到十几所，大学属于本省（市）的大学。

第三，由一所具有一定规模的大学构建的学生公寓式社区。这类学生社区的特点是，在原学生宿舍区的基础上，进行管理模式上的改革，即对原有计划经济条件下的学生宿舍式管理模式，实行后勤社会化改革，实现社区式管理；随着学校规模的扩大，对新建的学生宿舍实行社区化的管理。这类由单个学校构成的公寓式学生社区目前全国也有很多。以重庆为例，重庆交通大学、重庆邮电大学、重庆工商大学等，其学生公寓式社区即是这类社区。

二、高校学生社区化管理的策略创新

高校学生社区化管理无论是作为高校适应社会发展的需要还是内部区域管理策略，或对学生进行方向性教育的过程之一，都有着十分重要的现实意义，在现有的基础之上展开这方面的建设应注意以下方面：

（一）加强实践探索和理论创新

借鉴国内外高校学生教育管理模式，不断加强实践探索和理论创新。传统的学生工作观念一直轻视寝室的育人功能，将寝室当作完全物化性存在，因而，在实际工作中只重视学生生活环境的维护与保持，没有自觉地发挥寝室作为学校育人工作环境之一的应有作用。同时，由于工作视角单纯停留于单个寝室，而未能将以寝室为单位组成的学区纳入视野，也很少注意学区育人功能的发挥。

在高校，学生的专业教育一般由各个教学系（院）来完成，学生的思想政治工作则由学校和学院具体的学生工作机构来完成，学生的物质生活需求由后勤部门来满足，而对学生进行未来生活训练，培养其成为遵守社区规范、具备相应社区意识的文明公民的教育任务却没有一个成型的组织来承担，这无疑是大学教育的一个疏漏。建立大学生社区，完善学生社区管理，是完善高校育人职能、优化高校育人环境的必要举措，是当前高校学生工作迫切需要解决的问题之一。只有自觉地将学生社区建设纳入学生管理工作中去，并给予其应有的地位，学生社区培养社区现代公民的育人功能才有成为现实的可能。因此，加强理论建设和创新一定要贯彻开放办教育的理念，不断增强学习意识与开放观念，不断加强理论建设。高校学生社区化管理需要改革者的开放观念和博大胸怀，通过不断比较发现差距，促使在社区化管理的过程中自觉主动地探索理论，积极准备改革所需的条件；应提倡各高校之间的交流与合作，互促互进，在实践中不断积累宝贵经验；应夯实理论基础，加强理论建设创新，为高校学生社区化管理向纵深发展而共同努力。

（二）完善并解决运行体系和机制问题

完善运行体系、解决机制问题是社区化管理的关键所在。机制是不可或缺的软件，建设好学生社区须完善三大机制，即学生社区运行机制、学生社区志愿者参与机制和学生社区的内部激励机制。运用学生社区公共设施和相关权力，以满足服务需求为目标，不断提高服务质量，保持服务的功能成本，长期维持服务的再生产，这种周期性的进程状态即是学生社区的运行机制。机制本身说明学生社区组织的非营利性，非营利性是学生社区行为的特征之一，是学生社区自我服务、自我调节功能的体现。不断地实现这一机制良性运转的关键是服务质量，服务质量同样也是确立学生社区形象的基础，是学生社区存在必要性的证明。

学生社区的志愿者参与机制是培育学生社区人文生态环境的深层次社会文化问题。在学生社区中建立一支具备一定数量和质量的志愿者队伍不仅是一种管理现象，更是一种文化现象。志愿者本身即是社区意识的内在有机组成部分，是社区成员积极参与社区事务的显性表现。学生社区的非营利性能否像企业一样具有关注效率的动力，主要有两个问题：其一，非营利性组织的动力主要在于获得居民的满意和社会的认可，这是一种深层次的心理需求。市场经济导致人们会为利而动，在这种情况下，为他人和社区努力工作的人尤其会得到他人和社会的尊重。其二，个人运用社区职能通过解决社区矛盾进而解决个人问题的有效途径。一个发育良好的学生社区环境，通过外部的反应去推动自己努力改进工作，从他人眼中看到自己的状态从而调整自己的行为，进而完善自我，即学区的内部激励机制。

（三）稳定教育管理结构和管教关系

教育管理结构和管教关系的调整和平衡。学生社区建设是一项系统工程，必然需要对原有学生社区管理结构进行调整，科学处理教育和管理的关系。首先必须结合高校实际对原有学生工作进行结构性调整，并建立健全相应的规章制度，要想从根本上解决这些问题，还需要处理好管理载体、教育平台、育人方式等全方位的问题，头绪纷繁芜杂，加之无成型的经验可借鉴，面临的问题和难度都还较大。但以结构调整作为切入点，是一个比较可行的思路。具体要处理好以下关系：

第一，各级学生社区与社区总管理委员会之间的纵向关系。各学生社区管理委员会在人事安排上是一致的，都是根据三大职能安排负责人。学生社区总管理委员会由专职政工人员组成，负责相关政策制定、处理学生社区与校内外各社会机构关系、领导学生社区等工作。各分委的工作重点落实在学院一级，它依托学生专业而保持相互之间的独立性，同时与总管理委员会保持一致性。各支委是学区管理的基层组织，它直接与楼层和寝室发生联系，同时也可在力所能及的范围内与相关单位交涉学区事务，因此也应具备相对的独立自主能力。

第二，校学工部门、团委与学生社区总管理委员会的关系。学生社区总管理委员会是校学工部的职能部门之一，是学生社区管理中最具实权的管理层次，尤其在实现学生社区维权的功能方面，其作用更加明显。学生社区主要通过总管理委员会实现与相关部门的平等对话，解决实际问题。团委介入学区管理，主要体现在对学区成员的思想教育与严格管理方面。各学院学生工作办公室的主要负责人一般也是学院的团总支书记，因此共青团这条线的介入有利于加速形成一支由各院（系）团总支专职干部、各学生辅导员组成的宿舍思想教育、纪律管理、寝室内务管理队伍，有利于各项活动的协调，保证宿舍后勤管理的顺利开展。同时，团委是学生思想政治工作与校园文化工作的主角之一，团组织又直接指导各级学生会组织，有利于将寝室文化活动纳入整个校园文化建设中综合考虑，从而引导寝室文化向高层次发展。

第三，校学工部门与社区的关系。对单一高校组成的学生社区而言，这层关系可以体现某种专业特色。以专业安排学生寝室的高校，可使整片宿舍区基本上也成为一片专业区，很多基层工作需要在这一层面来组织和解决。高校学生工作部可以通过本校学生会来协调与支委的关系，这其实也是将基层学生工作重心由班级向寝室转移的一种方式，从而使学区成为校园内各项学生活动展开的活跃区域之一。对多所高校组成的大学城而言，这种关系还必须增加一层，即各学校学工部门与大学城管委会之间的协调关系，各类管理工作与活动除了考虑本校的相关特色外，还应与大学城管委会协调，通过管委会与大学城内其他高校协调，使其活动或管理产生更大的规模效应。

第四，根据学生社区职能，设立相应的管理机构。从人事角度处理，在大学城管理总委、分委、支委上各自安排人员以执行这三大职能。学生社区管理支委设学生社区区长一名、副区长一名、志愿者队长一名，也可根据实际情况适当增加管理人员数量，从而形成以学生社区区长、志愿者队长、楼长、宿舍长为主的学生社区管理基层机构。校院级学生社区管理机构可在原有学生寝室管理机构的基础上合理增加或加强学生社区的相应职能。

这种管理方式并未对原有的学生管理结构做大幅度的调整，从而使其更具有现实可行性。学校、学院、楼层（或公寓）三级管理有助于发挥不同优势，校学工部、院学工办和院学生会的介入使学区工作顺利地纳入学生管理工作轨道，从而保证原有学生工作的连续性，方便学校相关部门对学区工作进行帮扶指导。将学生会组织直接设立在各个学区之上，由校学区管理委员会和校团委直接指导各个学生社区的工作。

第五，制度和机构设置要同步。为了保证学生社区工作的顺利开展，制定相关制度是必要的。但从目前学生工作的状态来看，能否保障学生社区管理委员会具有相应的学区管理权力，能否保障学生作为学区居民与学校、后勤等部门具有平等对话的权利以及能否保障学生通过民主渠道参与学区乃至学校相关事务是影响学区生命力的决定性因素。

第六，细化管理规章，解决管理的薄弱环节。一定要通过管理规章的细化与统一，解决不同学校在管理上的疏漏。现阶段，各地的学生社区建设面临许多新问题，如学生社区规划问题、党的组织问题、学生社团活动如何与学区管理结合问题、学区矛盾与纠纷是否应用法律手段解决问题等，这些问题都会现实地摆在大家面前。但无疑实行学区管理是符合高校教育规律的，它体现了思想政治教育与规律工作相结合，并融于学生具体生活实践的德育原则，提高了学生工作的规律层次，有利于学生自立、自主、自强意识的培养，有利于为社会培养具有现代人文意识、现代生活观念的社会主义新型公民。

（四）把握社区化管理的发展方向

随着高校社会化改革的不断深入，高校学生社区化管理应该向哪些方面发展是目前需要讨论的重点问题。学生社区应该成为培养德智体美劳全面发展人才的重要阵地，应该是影响大学生成长、成才的重要环境和学校精神文明建设的窗口。因此，高校学生社区化管理应该成为高校改革的重点，有些传统的管理模式已不能适应高校的发展，学生社区化管理势在必行。从高校社区化管理的发展方向看，不断完善学生社区的教育管理机制，积极探索学生社区管理的新思路、新办法，建立与传统的班级管理模式差别较大的新型大学生社区管理模式是今后发展的方向。

1. 智能化管理方向

管理智能化就是借助信息技术手段，建设学生生活网络和社区管理服务网络，用计算机等现代科学技术进行科学的管理和服务，体现高效管理，实施高效服务。

学生社区的智能化管理就是建立智能社区进行各方面的管理，促使管理模式的合理化、管理方法的科学化。智能化社区的建立，对学生公寓的安全管理，尤其将学生进出、消防报警、用电负载识别等上升到了一个全新的层面。广泛运用计算机平台的自动化技术和智能化技术开展这些工作，可以大大提高管理效率、准确性、可靠性和安全性，还可以解决许多单靠人力不能解决的问题。

通过实施微机管理，可以随时了解入住学生的基本情况和日常动态，形成服务方与学生之间的双向联系，形成社区管理信息的流通，推进管理科学化、智能化的进程。

2. 人性化管理趋势

人性化管理源自企业管理范畴，指以情服人来提高管理效率。通俗地讲，人性化管理风格的实质就在于充分尊重被管理者的自由和创造才能，从而使得被管理者愿意怀着满意或者是满足的心态以最佳的精神状态全身心地投入工作中去，进而直接提高管理效率。人性的管理是情、理、法并重的管理，而不是放任的管理。这种管理精神对高校的学生社区化管理同样适用。人性化管理的核心是以人为本,充分相信学生的自我管理能力,应尊重学生的权益,鼓励学生的自主和创新,不能把学生当作没有思想甚至没有自主能力的群体。高校学生社区化管理要实现人性化,管理者首先要看到每个学生身上的闪光点和个性,以亲和的态度去了解他们、关心他们、教育他们,进而管理他们。

人性化管理对教育管理者提出了更高的要求,要求管理者抛弃先入为主的视角,重新审视师生关系,科学处理制度与人的作用间的关系。人性化管理要拒绝以制度和惩罚措施压迫他人的方式,而是以管理者自身的人格魅力去教育人,构建一种深层次的管理者与被管理者间的和谐关系。具体而言,学生工作部门和具体执行者要首先严格要求自己,做到制度制定的合理性、科学性和可操作性,制度执行的一致性和公平性,以及针对特定情况的灵活性。在接触到具体管理对象的时候要以人性的关怀和理解为管理动力,寻求二者间的良性互动,从而达到思想政治工作需要的效果。

三、高校学生社区化管理的实践创新

(一) 单一院校学生社区管理模式创新

就单一院校学生社区管理模式而言,学生社区管理学生来源单一,规模相对较小,管理容易到位。因此通过构建社区党总支、支部、学生党员接待室、社区团组织、社区学生会、心理咨询室等,就形成了从学校党委行政到社区学生寝室的完整管理体系,使各类社区管理中容易发生的问题能得到及时有效的解决。单一院校学生社区管理模式总的而言比较成功。

(二) 大学城管理模式创新

集中多所高校的跨省(市)大学城社区的学生管理的特点是,城区规模大,学生人数多,基础设施可以得到有效利用,在生活管理上可以取得相应的效益。但与之相对应的是,正是由于学生人数多、涉及的学校多,因此,在管理上也容易出现某些漏洞,这种管理的漏洞主要不是寝室管理的不规范,或者教学设施使用上的混乱,事实上,一个大学城在学生寝室的管理上是完全可以统一规范的,在教学设施的使用上也可以更好地充分利用。这里的管理漏洞,往往更多的是指各个地区、各个学校对学生管理要求的不一致、不统一。因而就可能出现这样的情况,有的学校管理得较严格,有的学校管得相对较松,可能出现管理信息上的不完整,问题就可能从薄弱部分反映出来。跨省(市)大学城管理上需要解决的问题是如何在发挥规模效益的同时,避免由不同省(市)、不同高校在学生管

理制度上的非一致性而产生的薄弱环节。

与跨省（市）大学城一样，单一省（市）大学城充分利用基础设施、扩大管理效益的优势也是明显的，但同样存在各高校间学生管理不一致的问题。这种不一致，不仅源于各高校之间的专业特色，也源于各高校的定位：有的是研究型大学，有的是教学型大学，有的是综合型大学，有的是多科性大学，有的是专门的学院，有的是职业技术学院等。同时，还存在着不同高校对学生管理的认识不一致的情况。有的非常重视，可能在管理上就做得比较细，有的认识可能不到位，可能管理就会有疏漏。这种管理的不一致，将可能导致大学生社区管理出现偏差，使得因为信息反馈不及时、管理不到位而酿成工作失误。

（三）社区化管理实践创新的成效

实施学生社区化管理不但可以较好地应对高校后勤社会化改革和教育教学改革给高校学生教育管理带来的新机遇、新挑战、新任务和新问题，而且使学生党建与思想政治工作的着力点更明确、体系更完善、育人机制更健全，对学生的教育管理成效也更明显。其主要作用表现在以下方面：

第一，能够增进各学校、各级组织与学生之间的交流和情感联系。近几年不断出现的学生与学校间的法律纠纷一度成为整个社会关心的热点问题，相关专家指出，发生这些问题的一个很重要的原因是学生与学校之间缺乏必要的、平等的交流与沟通，因此引发学生、家长、社会与学校之间的诸多矛盾。而社区化管理改变了师生以前对社区化管理改革的消极认识及评价，通过政工人员和学生社区中的党团组织机构与心理咨询机构的工作，缩短了学生与组织间的空间距离和心理距离，进一步体现出思想政治教育应具备亲和力和感染力的特点，师生之间、学生与组织之间、学生与学校间的关系也更加自然和谐。

第二，服务机构和成才育人环境将更加优化。在以社区党总支为核心的管理体系中，综合利用好各种服务机构，加强统一指导，能为学生的成才提供一个更加完整、科学、有序的体系和空间，使社区的管理和服务更加快捷、完备。社区化管理可以科学整合各种资源，增强教育管理合力，在社区管理体制下诞生各种健全、富有活力的社团组织，为社区创造丰富多彩的科技文化氛围，为学生素质的拓展提供更加立体的空间，对学生个体知识结构的完善、个性的培养和素质的拓展发挥了积极作用。从管理和经营角度提出社区的统一管理思想和教育理念，为学生的成才和教育机构的育人提供了更加优化的内外环境，能够有效保证高校连续扩招后教育管理质量和学生素质的稳步提高。

第三，更加有利于贯彻"以人为本"的管理理念，更加优化育人效果。在以人文素质、健康成才教育等为主要内容的氛围中，学生真正成为学校服务的对象和主体，自始至终坚持把学生的成才放在第一位。如果要在整个教育过程中真正地贯彻这一主旨，就必须为学生的成长与发展提供良好的物质条件，在此基础上给予学生一种积极的引导，使学生在良性的德育氛围的感染熏陶下主动去锻炼、提高自己，最终培养良好的生存适应能力。

第三节　高校学生社会实践化管理工作的创新

一、高校学生社会实践理念的创新

新时代不仅对大学生有了新的要求，同时赋予了大学生社会实践新的任务，要适应时代，就必须实现大学生社会实践理念上的创新。

第一，将大学生社会实践与建设社会主义新农村的需要结合起来。社会主义新农村的建设包括新农村的经济、政治、文化等诸多方面的内容。建设社会主义新农村，显然仅靠国家投入资金是不够的，广大农村还必须投入更多的智力资源、文化资源。而大学生是掌握着一定基础知识和专业知识的青年知识分子，他们的参与无疑会有效地促进社会主义新农村的建设。大学生加入社会主义新农村的建设中，又会为他们的专业知识提供用武之地，使他们的实际能力得到提高。将大学生的社会实践与建设社会主义新农村的需要结合起来，意味着对大学生的社会实践在观念上要有一个更新或变革。

第二，将大学生社会实践与城市社区精神文明与政治文明建设的需要结合起来。当把大学生既看作社会实践的施动者又视为社会实践的受动者时，就应充分利用大学生这一科技知识和精神文明的载体，将其运用到变革社会的活动中去，将大学生的社会实践与城市社区的精神文明和政治文明建设的需要结合起来，持久、稳定而有效地开展社会实践教育活动，使大学生在促进城市社区精神文明与政治文明的社会实践中，自身也得到提高和锻炼。在这类社会实践活动中，大学生可以将高校思想政治理论课中所学习到的内容应用于实践活动中，既能将知识活用，又能深化理论认识，同时还可以通过自身努力，促使社会变革，成为推动社会文明进步的重要力量。

二、高校学生社会实践载体的创新

第一，建立大学生党员城乡基层接待室。如重庆交通大学，就在农村和城市社区建立大学生党员接待室，将城乡基层大学生党员接待室既作为保持大学生党员先进性长效机制的一种载体，又将其作为大学生党员和入党积极分子参与社会实践的载体。这种城乡基层大学生党员接待室既可成为大学生党员和入党积极分子了解社会的窗口，又可成为向工人、农民、市民宣传党的知识、党的政策以及国际国内政治、经济、社会形势的重要阵地，大学生还可在这个载体中与广大群众打成一片，为构建和谐社会贡献自身的力量。

第二，建立大学生社会实践临时党支部。它也是重庆交通大学在大学生社会实践探索创新中建构的一个新生事物。通过建立大学生社会实践临时党支部，能增强党对社会实践的领导，并将党的意志、政策、主张贯穿于整个社会实践的全过程中，从而使整个大学生社会实践产生更大的政治文化效果和影响。

第四节　高校学生管理工作的信息化建设实践

在科技潮流、时代背景的推动下，国家越来越重视高等教育，高等学校的入学率也在逐年提升。学生数量的提升也带来了很多的问题，其中最重要的问题就是学生数量多，学生的管理工作也变得很困难。管理工作者应利用网络信息传达速度快、效率高、准确性高等特点，展开学生管理工作，建立适合高校学生的管理体系。大学生的日常生活和学习都离不开网络，学生会利用网络做自己想做的事情。"现在普遍的社会现象是大学生们都非常依赖网络，依赖信息化时代。"① 网络也具有很多优点，这就为高校学生管理者的管理工作信息化建设提供了很大的便利和支持，使得高校学生管理工作的信息化建设更加容易展开。

一、高校学生管理工作信息化建设的实践意义

信息化建设对高校学生管理工作影响深刻、意义重大。做好高校学生的管理工作对学生各个方面的发展都很重要。对各个高校而言，管理学生的工作无疑是最重要的。当今社会，是信息化发展迅速的一个阶段，各行各业都重视信息化建设，高校也应该顺应时代发展潮流，做好高校学生管理工作的信息化建设。

高校做好学生管理工作信息化建设在一定程度上促进了社会信息化的发展。如今科技的发展使各种信息变得复杂，信息的真假也难辨别。因此需要高校学生管理工作者从安全、便捷、快速等方面做好信息化建设工作，那样受益的就不仅是管理工作者，还有高校学生们。管理者能够更加方便、快速、有效地去展开管理工作，学生们同时也能够及时获

---

① 野苏民. 高校学生管理工作的信息化建设探究 [J]. 现代营销（经营版），2019（5）：222.

得信息，能够及时地做出各种安排。管理工作的信息化建设也是对学生人身安全的一种保障，虽然说大学生已经是成人，不需要太多的管理，但是大学生们涉世不深，难免会出现一些人身安全、财产安全等安全问题，这就需要经验丰富的学生管理者提供帮助，而信息化系统的成功建设就起到了这种作用，能够让管理者及时知道学生所遇到的问题、及时解决问题。同时假如学生遇到什么危险，也能够及时求助学生管理工作者，保障学生的安全。由以上可见，信息化建设对高校学生管理工作极其重要，信息化管理也能发挥自身优势，因此，只要能够将这种管理方式灵活运用，高校管理工作的未来会更加美好、更加容易。

二、高校学生管理工作信息化建设的实践方式

做任何事情，都需要注重方式方法。只有用对方法，才可以高效地完成所要做的工作。高校学生管理工作也是同样的道理，所以，应寻找合适的方式方法展开信息化建设。现在，高校学生的电脑、手机普及率非常高，每人都会有一些社交软件，这为学生管理工作提供了很大的便利，管理者可以合理地利用这些软件展开信息化管理，这就需要高校教师跟随社会发展的步伐，学会并且高效地利用这些软件。

高校的教务系统是学生学习和生活必不可少的信息化系统，而且足够安全，学生们也会更加相信教务系统所发布的信息，管理者可以灵活使用教务系统，如利用教务系统发布一些通知等，既方便又安全，学生也不用去担心信息的真假，这就使学生的管理工作变得规范化、安全化。各个高校的学生管理者应该努力去寻找适合自己学校学生的信息化管理方式，因生制宜才是最正确的方式。

三、高校学生管理工作信息化建设的实践问题处理

及时发现并解决信息化建设中所遇到的问题。现在管理者的管理工作通常是通过微信、腾讯QQ等社交软件展开的，学生们现在都普遍会用这些软件，但是这种聊天群的交流方式也会出现各种问题。所以，这就需要高校管理者在平时开展学生的管理工作中要做到细心、仔细。学生管理者应该通过观察学生的行为、语言等及时发现问题，及时解决问题，只有这样，才可以及时地解决一些隐私性问题，才能避免在如今信息化发展过快的潮流中忽略一些问题，才能避免管理工作因出现失误而造成麻烦。

总而言之，高校学生管理工作的信息化建设非常重要，管理者要足够重视，紧跟信息时代发展潮流，积极地学习信息化知识，以学生为中心，以建设信息化管理方式为手段，认真地思考学生管理工作的方式方法及途径。同时积极寻找最适合本校实际、学生乐于接受的高效方法，那么高校学生管理工作的信息化建设就会很容易开展。

参考文献

[1] 陈晓梅. 高校学生组织的形象调查与目标构建 [J]. 教育与职业, 2012 (21): 164-165.

[2] 董玲. 高校美育课程建设与艺术审美研究 [M]. 北京: 国家行政学院出版社, 2018.

[3] 关媛华. 高校大学生职业生涯规划与就业指导课教学改革的思考 [J]. 魅力中国, 2021 (3): 461.

[4] 侯玉曦. 大数据背景下高校大学生就业工作的路径探讨 [J]. 卷宗, 2021 (26): 220.

[5] 黄平. 高校学生组织存在的问题与对策 [J]. 教育与职业, 2010 (32): 41-43.

[6] 吉明明. 高校心理健康教育体制机制建设创新 [J]. 江苏高教, 2012 (4): 141-142.

[7] 揭秋云, 李丹, 袁曦, 等. 互联网背景下高校心理健康教育教学与管理改革创新研究 [J]. 中国学校卫生, 2022, 43 (8): 1281-1282.

[8] 李玲. 高校学生管理工作创新研究 [M]. 长春: 吉林人民出版社, 2019.

[9] 李晓飞. 素质教育视野下大学生管理模式创新研究 [J]. 陕西教育 (高教), 2016, (4): 79.

[10] 李璇. 高校学生就业心理问题表现及解决对策 [J]. 大学, 2020 (32): 115.

[11] 李燕, 王静, 赵仲麟, 等. 高校学生管理工作的信息化建设 [J]. 农业网络信息, 2013 (1): 123.

[12] 刘畅. 网络时代大学生心理健康教育的路径探索与创新 [J]. 食品研究与开发, 2020, 41 (17): 231.

[13] 刘红斌. 加强高校学生公寓管理队伍建设的思考 [J]. 职业时空, 2011, 7 (3): 183-184.

［14］骆小青. 基于信息化建设背景下的高校学生管理工作研究［J］. 山西青年，2022 (8)：159.

［15］施技文. 高校学生组织的新媒体传播策略研究［J］. 学校党建与思想教育，2017 (11)：69-71.

［16］施继华. 论高校学生管理［J］. 现代商贸工业，2014，26 (7)：105.

［17］舒祥荣. 融媒体视域下高校学生德育教育管理探究［J］. 新教育时代电子杂志（教师版），2022 (9)：100-101-102.

［18］孙绍华，高浩. 浅谈高校学生组织建设［J］. 才智，2018 (21)：36.

［19］王慧玲，黄晓翠，宋滟. 有关高校学生组织管理的文献综述［J］. 行政事业资产与财务，2021 (20)：115.

［20］王杰. 高校学生管理工作的信息化建设研究［J］. 信息系统工程，2020 (4)：133.

［21］王历容，刘辉. 加强高校学生管理工作信息员队伍建设［J］. 新校园（上旬），2017，(2)：133.

［22］王娜，王平. 高校学生组织类型与学生骨干能力塑造研究［J］. 黑龙江高教研究，2012，30 (6)：75-77.

［23］王玉明，孙媛媛. 宿舍社区化管理模式与大学生美育创新［J］. 文教资料，2021，(11)：180.

［24］魏玮. 新时期大学生就业核心竞争力培养路径研究［J］. 中国成人教育，2021 (9)：33.

［25］杨婷，刘贝贝，梁春迪. "互联网+"视域下大学生就业指导工作创新研究［J］. 投资与创业，2021，32 (5)：151.

［26］野苏民. 高校学生管理工作的信息化建设探究［J］. 现代营销（经营版），2019 (5)：222.

［27］尹冬梅. 高校学生组织研究：从经验走向科学［J］. 思想理论教育（上半月综合版），2012 (2)：88-95.

［28］翟天然. 新媒体视域下大学生美育教育探析［J］. 山西青年，2020 (5)：267+269.

［29］张东方. 组织文化在高校学生社团建设中的作用研究［J］. 领导科学论坛，2021 (11)：147.

[30] 张广云, 李建. 浅谈高校学生干部队伍建设与管理 [J]. 学理论, 2012, (35): 249.

[31] 张楠. 浅析地方高校学生就业工作困境 [J]. 百科论坛电子杂志, 2021 (15): 1136.

[32] 张自勉. 高校学生管理工作信息化建设路径探赜 [J]. 新课程研究, 2020 (23): 131.

[33] 郑旭. 大数据时代高校学生管理工作信息化建设现状及建议 [J]. 教育研究, 2020, 3 (7): 59.